写作之光

自媒体写作方法与运营实践

渭水徐公 著

内 容 提 要

本书从自媒体写作的基础知识讲起，结合自媒体创作者的实际运营经历，重点介绍了今日头条、知乎、小红书等平台的运营与变现方法，让读者系统地理解这些自媒体平台的创作技巧与变现思路。

本书分为 11 章，主要包括以下内容：写作的基础理念，创作者的领域选择，建设各平台账号的技巧，爆款文章的创作规律，读书写作变现的思路，知乎运营与变现经验，今日头条运营与变现经验，小红书运营与变现经验，以及私域流量平台的运营与变现经验。

本书内容通俗易懂，案例丰富，实用性强，不仅适合在今日头条、知乎、小红书等平台创作变现的普通创作者阅读，也适合所有自媒体创作人员学习使用。

图书在版编目(CIP)数据

写作之光：自媒体写作方法与运营实践 / 渭水徐公著. — 北京：北京大学出版社，2023.3

ISBN 978-7-301-33724-0

Ⅰ. ①写… Ⅱ. ①渭… Ⅲ. ①新闻写作 Ⅳ. ①G212.2

中国国家版本馆CIP数据核字（2023）第005558号

书　　名　写作之光：自媒体写作方法与运营实践
XIEZUO ZHIGUANG : ZIMEITI XIEZUO FANGFA YU YUNYING SHIJIAN

著作责任者　渭水徐公　著

责 任 编 辑　刘　云

标 准 书 号　ISBN 978-7-301-33724-0

出 版 发 行　北京大学出版社

地　　址　北京市海淀区成府路205号　100871

网　　址　http://www.pup.cn　新浪微博：@ 北京大学出版社

电 子 信 箱　编辑部 pup7@pup.cn　总编室 zpup@pup.cn

电　　话　邮购部 010-62752015　发行部 010-62750672　编辑部 010-62570390

印 刷 者　大厂回族自治县彩虹印刷有限公司

经 销 者　新华书店

720毫米×1020毫米　16开本　10.25印张　156千字

2023年3月第1版　2023年9月第2次印刷

印　　数　4001-6000册

定　　价　59.00 元

我，渭水徐公，今日头条 450 万粉丝矩阵主理人，带领学员在今日头条的平台变现超过 600 万元，社群伙伴全平台收益保守估测千万元以上。我人生的改变，源于无数个“第一次”。

2018 年，我第一次靠写听书稿月入 5 万元，那是我初次尝试写作变现。

2019 年，我靠一套长文模板，带领社群的伙伴赚取大批“青云计划”奖金，那是我初次以导师的身份带队创作。

2020 年，我带领社群伙伴，在两个月内靠图文带货收入数百万元。我前半辈子，都没见过这么多日入过万的人。那是我初次糊里糊涂地踏上了一个风口，还做出了不俗的成绩。

2021 年，我的小红书账号粉丝顺利破万。在自媒体创作的第四年，我成功将第五个平台账号做到了万粉，并初次在短视频平台建立了个人 IP。

写作像一道光，它并不特殊，也不算很明亮，但这道光芒，足以为我们照亮身边更广阔的世界。

互联网时代的写作技巧，和学校里教的写作方法大有不同。在自媒体的世界里，有流量才有收益，有收益才有生存的机会。为了在自媒体写作这条赛道上生存下去，需要好好研习写作理念。

虽然写出有爆款潜质的内容很重要，但要想利用平台的规则获取流量推荐，从而让更多的人看到我们写作的内容，运营明显更重要。本书既有写作理念的讲解，又有平台的运营技巧，能为你驱散写作运营道路上的迷雾，并陪你一路抵达成功的彼岸。

本书内容

本书内容主要分为两部分，第一部分是零基础学习爆款写作技巧，第二部分是零基础学习自媒体平台的运营技巧。

第一部分的爆款写作技巧讲解了自媒体写作理念与技巧、账号的建设技巧，以及轻松快速写出爆款的方法。

第二部分的自媒体平台运营技巧先介绍了自媒体账号运营的重要性，并根据真实的运营经验，介绍了知乎、今日头条、小红书等账号的爆款涨粉经验，以及各平台的变现技巧。

本书特色

- 辅助资料：本书准备了自媒体写作的相关视频，这些可进一步帮助读者高效、直观地理解爆款写作技巧。本书资源已上传至百度网盘，请读者关注封底“博雅读书社”微信公众号，找到“资源下载”栏目，输入图书77页的资源下载码，根据提示获取。
- 从零开始：从最基础的写作理念与账号建设开始，逐步讲解爆款写作与变现的技巧，入门门槛很低。
- 经验真实：全书中的理论均来源于笔者写作社群（笔者学员群）的真实实践经验，每条变现记录都有据可查。
- 技巧实用：本书中所讲解的技巧，已经成功帮助数千名学员变现，也将会为每一位读者带来正面的帮助。

本书读者对象

- 愿意开拓副业的上班族。
- 希望用碎片时间赚取收入的全职妈妈。
- 有闲暇时间的在校大学生。
- 希望通过自媒体手段引流的品牌创业者。

第一章 写作的意义

第二章 写作的前期准备工作

第三章 找一个好的创作方向

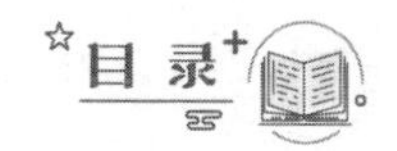

第八章

知乎运营与变现实践

第九章

今日头条运营与变现实践

第一章

写作的意义

一个人即使终生不接触写作，也能安安稳稳走完一生。但拥有写作经历的人，往往能见证更多的可能性，从而获得独一无二的人生体验。这便是我们参与写作的原动力。

1.1 写作即沟通

写作是信息知识、思想与情感的传递，其核心价值就是沟通。

1.1.1 从写作到变现

很多人对写作的认知，总是停留在“变现”这个层面上。但实际上，笔者根据自己开写作课、带学员的真实经验发现，虽然能从“写作”坚持到“变现”的人很少，但坚持下来的人在写作过程中得到的收获，远在“变现”之外。

写作是一种技能，它能将自己所存储的知识、记忆、思想、情感等转化为自己的文字，形成自己的风格，并带有传递的性质，会对他人产生影响。然而，并非每个人都有足够强烈的表达欲望。在热爱表达的那一群人里，愿意通过写作来表达自我的也只是占一少部分。因此，我们可以初步得出结论，对写作感兴趣的人是有限的，尤其是商业写作。

万事开头难，虽然初次尝试写作可能会感觉力不从心，然而一旦掌握了方法与技巧，就会下笔如有神。

在掌握了写作的基础能力之后，我们可以开始准备有价值的输出，即变现。然而能直接通过写作实现变现也并非易事。多数人通过写作获取的收益，本质上都属于间接收益。毕竟写作的价值，绝不仅仅是赚稿费这一项好处。它还会为我们带来额外的加成，如表达能力的提高、思维逻辑的严密，这些也是与职场、工作息息相关的。

1.1.2 写作与工作生活

在笔者的社群里，有个学员私下问了一个问题："在开会的时候，别人都不爱听我发言，领导满脸不耐烦，同事昏昏欲睡，头都快贴到桌子上了。我该怎么做才能得到大家的关注呢？"

像这种情况，在工作中其实很常见，但很少有人去反思这种情况。这背后的原因只有一个：所讲的内容没有吸引力。如果把现有的内容换成和听众息息相关的（比如下个月的绩效考核），将会有不一样的效果。

例如，你是一个项目经理，你在跨部门组建项目的时候，并非每个参与项目的人都是你的下属，甚至有些参与项目的成员比你的职级更高，那么又该如何发动这些人，让他们心甘情愿地给项目出钱出力呢？

其实，工作中遇到的这些情况如果从写作的角度来思考就可以解决了。只要从他们的利益出发，再用一点点写营销文案的套路来激励大家做事，就可以顺利地解决了。

在自媒体写作领域，"了解读者的利益"等同于"为粉丝画像"，也就是了解自己账号的粉丝都是些什么人，以及他们到底想要些什么；"以利益激励他们"则是"产品转化"，目的是根据不同人的偏好"对症下药"。对于熟悉自媒体写作的人来说，这仅仅是最基础的知识而已。但如果善于举一反三的话，这些技巧也会成为职场中优质的润滑剂。

因此，掌握写作技能不但能实现生活中的有效沟通，还能在职场中获得影响力，获得晋升的机会。当然，我们掌握这些技能的目的，并不是局限于日常沟通与职场沟通。无论工作还是生活都是自媒体写作的一种领域。比如说，可以把这些内容整合成微头条、长文或者视频脚本，发到各平台上去圈粉，再去开发产品变现，都不失为一条好的路径。

例如，你在公司做培训工作，如果同事对你的培训内容有需求，那么其他的上班族，必然也有近似的需求。当你有了初始流量之后，就可以开发产品，以满足他们的需求。完成了这个步骤后，自然而然就实现变现了。

在这个过程里，你不仅能和自己公司的同事、领导完成沟通，还能以自媒体平台为载体，和远方的陌生人完成沟通，这便是写作带来的最大收益。

可见，商业写作也好，职场交流也好，项目合作也好，企业培训也好，本质上都是沟通，是写作的延伸。我们不难得出结论，写作的核心价值就是沟通，它可以为我们的职场生涯带来全方位的助力。

1.2 写作不需要很多条件

提到写作，很多人会说“没条件写作”或者“没时间写作”，但其实写作有时并不需要很多大块时间，碎片化时间也可以完成。至于写作的条件，也不需要安静的办公环境、整洁的办公桌、舒适的椅子或其他工具。对于写作，时间是可以挤出来的，条件是可以随时随地创造的，所以时间和条件都不是问题。因此，写作有时更是一种习惯、方法和自我激励的手段。

1.2.1 努力成为“马背作者”

在盛唐时期，大唐铆足了劲向外扩张，有很多诗人投笔从戎，在战场上为大唐开疆拓土，也能为自己博取一份军功。他们基于自己的真实经历，写下了很多豪迈的边塞诗作品，这类诗人的典型代表包括岑参、王昌龄等。

很多人在分析边塞诗的时候，往往关注他们雄浑的写作手法、豪迈的胸怀，以及独特的画面感等，却忽略了他们的写作条件。虽然大唐拥有很强的实力，但上前线打仗并非儿戏，唐军也未必能保证百战百胜。哪怕边塞诗人在幕府里做事，不一定要到一线冲锋，但也要枕戈待旦，随时随地应对突如其来的战争。在如此紧张的环境下，他们是如何写下这些传世之作的呢？

我将这些诗人称为“马背作者”：他们的主业是在马背上打仗、行军，只能通过闲暇时间写作，这种时间管理的意识非常值得我们学习。虽然我们生在和平的年代，无须骑马打仗，但我们照样需要提高创作效率。如今的高铁、火车、地铁、候机大厅，乃至书桌外的一切地点，都是新时代的“马背”，我们也需要养成随时随地写作的好习惯。

为了提高写作效率，在不同的场景下，我们可以安排做一些能做的事情。

1. 机场火车站可连续写作

写作不一定要分场合，例如，在机场或者火车站等候的时候，与其发呆或者玩手机，不如将自己写作的灵感记录下来。

按照我的个人习惯，为了防止误车误机，往往会提前一两个小时抵达机场或火车站。这样一来，我常常要在入站口坐一个小时以上，这么长的时间，足可以让我写完一篇长文了。这种方法也适合每一个人。

如果当时恰好有现成的写作思路，就可以将思路整理成草稿，既能及时保存灵感，又能让等候的时间变得不再那么无聊。整理好的草稿也能方便后期快速整理加工。

2. 路途中可打腹稿

在途中，如果是在火车或者飞机上，可以安静地将思路整理下来，但如果是在走路，或是公交地铁上，将思路整理下来可能不是很方便，但是可以在脑海里对写作内容打腹稿，构思一下要写的主题和要点，等到方便的时候再将其整理下来。

3. “垃圾时间”可开小差

“垃圾时间”泛指漫长而没有意义的会议、无聊透顶却不得不去的饭局，还有一言堂式的家庭聚会。长辈端着酒杯滔滔不绝，我们坐在一边索然无味，5 分钟能看 17 次手表。

如果我们身体无法离开，不妨退而求其次，让自己的脑子转起来，好好构思下一篇文章的选题和大纲，或者给文章打一打腹稿。为了保险起见，当我们的身体获得自由之后，就要立刻把这些内容录入文档，否则很容易忘掉那些电光石火的好想法。

在掌握了合理利用琐碎时间的方法后，要想成为这样的“马背作者”并不难，但养成“下意识就地写作”的习惯，却是需要一定技巧的。

1.2.2 养成习惯是最好的时间管理

要想培养良好的习惯，往往离不开自律。一个人一旦自律起来，将会最大效率地利用自己的时间。

例如，在 2020 年初，我在一个大平台旗下的今日头条训练营任教时，领导给我安排了一项任务：在主账号的后台找出那些不认真更新的人，然后单独拉个群监督。我认为就算把这些人单独拉出来监督，也没有多大用处。不过出于对领导的尊重，我还是照他的想法执行了。

事实证明，这个监督确实没什么用处，很多时候，一个人的努力不是靠别人的监督，而是靠自觉，自觉又来源于动力，有了动力养成自律的习惯并不难。

2020 年的上半年，我们恰好赶上了一个带货的红利期。在这个催更群里面有一个学员，抱着试一试的心态，写了一篇带货微头条，一夜之间居然入账 1500 多元，给他带来了写作动力，提高了写作积极性，形成了正反馈。从那时起，这个人再也不用我催着更新了。他每天像打了鸡血一样，一写就写到半夜十一二点，一天坚持更新七八条，从“日更困难户”变成了“高产先锋”。

可见正反馈带来的动力，远远胜过一切外力的监督。那么，怎样才能获得正反馈来培养写作的习惯呢？

1. 找话题

在写作方面，不管写得好不好，首先要能写下去，这样才能容易进入状态。在写作时，可以先随便找一个自己想写的话题，内容包括但不限于当日热点新闻、马路边看到的焦点情况、随手拍到的异常场景，或者是读书、看电影的感悟。记录一下相应的情景，并写下自己的感受，再添加上相应的图片，就可以是一个话题。

文章的前面不要铺垫太多，而要把所有的热点元素都堆起来，放在别人第一眼就能看到的地方，以吸引阅读者的注意力。

如果你实在找不到话题，阅读一本书的时候，看到精彩的句子可以记下来，围绕其展开论述一下自己的观点。要想出爆款，前提是评述要独辟蹊径，而不是人云亦云。

2. 发平台

完成了基础内容的创作之后，我们要将其进行发布。这种简短类型的文字加图片，可以发送到很多平台上，包括但不限于今日头条上的微头条、知乎上面的问答、小红书上面的笔记、豆瓣上的短评或笔记，或者是朋友圈。

只要所写内容观点比较新奇，角度比较独特，那么很容易吸引到读者的眼球，从而被点击。

3. 争取写出爆款

爆款文章通常会激发我们继续创作的动力，创作的动力又会促使爆款文章的增加，从而形成一个良性循环。它就像一个不断前进的车轮，带着我们不断写出好的作品。

要想让自己的车轮转起来，就要不断总结爆款内容写作的套路，并对其进行反复验证。当在写作过程中找到了合适的路数，自然会源源不断地产出新的爆款。

4. 骑上马背

在已经写出爆款文章，并掌握了爆款写作技巧之后，我们应该比之前更有动力写作了，因为我们已经见证了爆款带来的收益。这种实实在在的激励，往往比任何“鸡血”“鸡汤”都管用。

这个时候，我们就可以迈出自媒体写作的最后一步，也就是成为一个真正的“马背作者”了。在爆款文章的激励作用下，我们通常会下意识地把空余的时间注入自媒体写作这项令人兴奋的工作中，以获得更大的成就感。

很多人嘴上说没时间写作，实际上是没养成写作的习惯。也许有 5 分钟的空闲，就会刷 5 分钟的短视频；有 10 分钟的空闲，就会刷 10 分钟的明星新闻；有 1 小时的空闲，干脆就看 1 小时的电视剧。总之，很多人在空闲时间通常会做一些不费脑筋的事，而不会想到写作，他们不一定是不爱写，也不一定是懒惰，而是脑子里压根就没有写作的意识。

然而一旦写出爆款，尝到了甜头，往往也就有了“随时随地写作”的意识，从而养成坚持写作的好习惯。进入这个阶段后，想成为一个“马背作者”，自然是水到渠成的事情了。

如果靠外界力量来监督自己写作，会有一种束缚感，也容易失去战斗力，所以还是要先找到自己擅长的领域，以获取成就感，从而培养持续创作的动力，以养成良好的习惯。

1.3 自媒体写作的意义

时代在变迁，社会在进步，但人们的需求是亘古不变的。人们要吃饭，要穿衣，要满足最基本的生理需求；此外，还要娱乐，要消遣，要满足自己的精神需求。缺了任意一项，人们的生活质量都会受到极大的影响。

在满足大众需求的过程中，文字扮演着至关重要的角色，哪怕是在短视频、直播发达的时代，文字的作用仍然是举足轻重、不可替代的。

1.3.1 自媒体常见类别

随着生活的发展，大众的精神需求也在不断增长。文字是了解世界的纽带，除了要通过文字掌握一些专业技能满足自身的基本需求之外，还要丰富一下自己的精神需求。无论是影视剧，还是短视频，画面感都很强，虽然能带给人直观的感受，但是文字更能丰富人们的想象力。对于自媒体，常见的是娱乐性文字作品，可大致分为以下几个类型。

1. 爽文小说

现在流行的爽文小说，其受众大多是年轻读者，希望在现实之外获得放松。

除了传统的称帝、修仙主题之外，还增添了三界、异世界之类的主题，这会让读者在平淡的生活中发现一种不一样的话题，激发读者的好奇心，也会让精神变得放松。

写爽文的作者，通常非常了解读者的需求，所以诞生了一批又一批这样的爽文小说。

2. 图文与短视频

自媒体的写作也常见于图文与视频，图文就不用说了，肯定是有图有文。对于视频，策划也需要相应的文案，所以，这两种自媒体类别也是文字写作的常见方式。这两种文字通常比较简洁犀利，尽管简短，却能让受众快速捕捉到要点。

当订阅量逐渐增加后，短视频博主开始直播带货，图文博主则每天推送五花八门的广告，这些就是我们的“吃糖成本”。愿意吃糖的人，自然愿意支付这份成本，从而让制糖的团队持续运转下去。

3. 音频

除了图文和短视频，自媒体中还有一个常见的类别，即音频。要想转化为音频，首先需要有文字，方能将内容转化成声音。音频的方便之处在于可以释放双手和双眼，只用耳朵听就可以。例如，在干家务或者在乘车时，都可以通过音频来放松心情。然而，音频背后的文字亦是不可忽视的，如果没有好的文字做基石，也就不会有优秀的音频。

1.3.2 文字的商业价值

俗话说，一字千金。可见，好的文字具有重大价值。它可以用来记录历史、传递消息、描写情感，也能说明事物和产品。在自媒体时代，文字的力量不容小觑。记录历史、传递消息、描写情感等方面自不必多说，这从古代的诗词歌赋等已可见一斑。在现代网络发展的时代，文字对产品也有一定的宣传作用。

产品分很多种，包括农产品、工业品之类的实体产品，也包括个人品牌、个人服务之类的虚拟产品。无论是什么产品，都需要好的宣传桥梁。无疑，写作是这些桥梁里门槛较低且比较容易掌握的一种。也就是说，文字具有商业价值。

1. 推广产品

对于一个新的产品，如果没有人知道，即便它的质量再好，也很难卖出去，就像酒香也怕巷子深。所以，在自媒体时代，只有宣传到位，产品才会得到曝光。例如，我曾带领写作社群参加了湖北的助农活动。这段时间里，我们写了很多长图文、微头条来进行带货，保守估计，整个社群的变现总金额为 200 万 ~ 300 万元。

一篇三千字左右的带货长文，可能会卖出价值十几万的货物；一篇八九百字的带货微头条，或许能净赚上万元的农产品佣金。只要学会写作的技巧，哪怕我们足不出户，也能通过写带货文的方式赚钱。

我们写的商业宣传文案，不但能将这些农产品推送到更多人的面前，还能让自己获得收益，可谓是双赢。

2. 形成个人品牌

在信息高速发展的时代，要想让人们认可一个产品，通常需要有一定的口碑。而口碑的提升通常也就形成了一个品牌。如果你在某方面拥有很强的技术，就可以通过自媒体，把你的技能推送到更多人面前，为自己赢取更多变现的机会。

例如，一个学员在一篇文案变现 3 万元之后就开办了自己的文案公司，还先后做了几个持续提供稿件的项目。他通过写作，打造了自己的个人品牌。

实际上，能推广的技术服务远不限于写文章或写文案，通下水道、贴瓷砖、修理大门、月嫂服务等这些五花八门的技术都可以推广。

此外，通过写作也可以对销售进行引流。例如，某个朋友在电商平台卖水果，于是通过文案吸引粉丝来添加个人微信，他虽然没有直接带货，但已经打造出了个人品牌，创造了一条强有力的现金流。

所以，写作不仅限于写新闻、写历史、写小说，同样也适合于写各种文案，吸引读者驻足，并从中带来商业价值。

第二章 写作的前期准备工作

工欲善其事，必先利其器。如果想成为一个自媒体创作者，就要从思维、工具使用等维度做好全方位的准备。

多数人在写作变现方面的第一桶金，往往都是通过投稿获得的，我也不例外。但我发现，在投稿这个领域，存在明显的“圈子现象”，对新手作者并不是很友好。

例如，一些平台或者栏目的征文，通常会有一些写作社群合作。这些平台或栏目需要的征文通常会优先考虑社群内部推荐的，因为他们熟悉写作技巧，了解平台需求，对于需求的文章，能够快速高效地完成。

但是，社群外的写作者也不必因此灰心。因为，即便作者签约了平台，也不等于进了稿费的保险箱。在这个时代，每天都有平台没落，也有很多新的平台在崛起，即便我们的文章不被优先选择，但我们可以主动选择很多其他平台。无论是否是社群成员，掌握写作技巧是最重要的。

2.1 自媒体的优势

在被各种平台筛选的情况下，我们的自信心可能会被打击，明明自己的文章写得很好，却不被采纳，着实会影响继续写作的动力。如果总是要遵照平台的意思，每篇文章的内容也容易失去自己的文风，而如果创建自己的自媒体，则可以自己做主了。

昨天还是李逵，吃了上顿没下顿，要眼巴巴等着宋江大哥发号施令；今天就变成了孙二娘，只要自己不怕累，天天都能有肉吃。这便是我开辟自媒体账号的真实感受。

自己的账号相当于是自家开的店铺。哪怕这个店铺再小，商品的种类再单一，产品也是我们自己说了算。我们愿意上什么产品，就可以上什么产品；高兴的时候可以迎合一下金主，不高兴了就直接歇业，谁也不能强迫我们做什么不想做的事情。

当我们的身份从一个签约作者转变为一个自媒体账号号主时，我们笔下文字所扮演的角色也会发生翻天覆地的变化。

在给各平台投稿的时候，我们的文字就是用来换钱的商品，其价格通常是固定的，至于平台的项目能盈利多少，也和我们这个原创作者关系不大了。

但我们自己在做自媒体平台的时候，文字既可以是产品，也可以成为链接我们产品和未来潜在客户的桥梁。如果我们的某篇文章爆红了，它所带来的经济效益可能会是投稿稿费的几十倍、几百倍，甚至千万倍。

我们自己在运营自媒体账号的时候，收益往往要比投稿稿费高一些。自媒体变现的方式，包括但不限于用自己的账号接付费广告、做商品分销（也就是带货），或者参加平台有酬劳的活动等。虽然收益多了，但付出的辛苦也多了，这是我们必经的考验。

一个平台如果想生存下去，就要研发产品、促进转化、促进粉丝活跃度，还要吸引更多粉丝。把这些步骤整合到一起，形成一个完整的商业闭环，才能确保自己能够盈利。

如果选择当一个投稿作者的话，只要把稿子交付给平台，就可以彻底躺平，当“甩手大掌柜”了。但如果选择自己运营自媒体平台，那么上述的过程都需要我们自己一手包办，自然要格外辛苦一些。

尽管自媒体写作要比为其他平台投稿辛苦一些，但是两者相较，还是独立运营自媒体平台明显更好一些。当我们拥有了完整的商业闭环之后，所付出的每一项努力，包括丰富自己的内容含量，或者优化用户购买付费的流程，甚至更新迭代一下文案，都有较大的概率得到正面的效果。随之而来的是，收入会出现指数级别的增加。

2.2 自媒体写作的四个阶段

在我们开始正式运营自媒体账号时，将会发现这要比投稿变现来的成就感更大。这就好比创业，在自己不断总结、反思、实践和努力之下收获的一桶桶金。

在自媒体领域里，并不会像上班族那样稳定地按月领工资。自媒体的收益曲线，如同弄潮儿脚下的巨浪一般，会有涨有落。我们就算熟知过往三年的收益曲线，也无法精确推测出明天的收益水平。

在这无情且无常的成长之路上，任何一个自媒体号主都有可能在中途的某个阶段感到挫败。每个运营自媒体账号的人，通常都会经历四个阶段的成长。

2.2.1 懵懂期

在刚进入自媒体行业的时候，我们对这个行业的认识通常是懵懵懂懂的，不会有什么压力，而且对这个行业充满着好奇和激情。除了少数特别爱钻牛角尖的人之外，多数文字博主在刚刚入场的时候，总体来说还是比较快乐的。

因为是新手上路，所以开始对自己的要求也不算很高。就算这个时候数据不好，粉丝也没有几个，那又怎么样？毕竟是新手，这个阶段能有人看就不错了，假如能有人给留个回复，那也是意外之喜。

更何况，在今日头条这样的平台，新手一般都有一定的鼓励机制，近似于游戏的开局送福利。前期的写作内容，但凡质量稍微好那么一点，平台都会尽量给一些流量扶持，让新手能够初尝爆款带来的喜悦。

虽然如此，但仍有为数众多的创作者，在这个阶段被刷了下来，而且通常都是主动放弃。这个阶段被刷掉的创作者总数，比后面三个阶段掉队的人数加一起还多。

这些人基本上都是浅尝辄止，因为没有得到激励，也就就失去了创作的信心，从而失去了创作的动力，最后就彻底放弃了这条路。对于这种情况，其实很好解决，那就是把他推送到同频的小圈子里，让他们互相激励也不失为一件快乐的事。

有些人是因为自信心受到打击而主动放弃写作，而有些人确实是不适合写作。有些人说起话可能滔滔不绝，拍个视频可能手舞足蹈，但是写作的话，那真是七天也憋不出六个字来。这种情况更好处理了，虽然人人都可以写作，但并非人人都应该写作。比起写作，他们更适合去探索短视频、直播之类的赛道，所以，也未必非得死磕写作这一关。

还有些人是干啥啥不行，不只是写作，做其他的事情也不能做好。既然和自媒体无缘，那就老老实实、安分守己地做好自己的本职工作就可以了。

经过第一轮的大筛选之后，半数人就此掉队，其余的人则会顺利跨入第二个阶段。

2.2.2 清醒期

经过第一轮的筛选阶段，在接下来这个阶段里，我们已经成为相对熟练的创作者，并能以稳定的频率输出内容了。与此同时，平台认可了我们的一部分内容，并且把较为可观的流量和收益，都倾注到了我们这些作者的身上。

在这个阶段，我们的现金收益也好，粉丝数量也罢，包括个人 IP 的影响力，都得到了稳步的增长。有为数不少的人，都在这个阶段颠覆了自己的认知，用他们自己的话来说，就是“自媒体写作变现居然是真的，简直是大开眼界啊”。

笔者之前带过数以千计的学员，仅以近身学员来统计数量的话，到了这个阶段，通常只剩下 50% 的人能跟上脚步了。通常来说，能撑到这个阶段的人，一般都拥有相对较强的行动力，做事情也是相对比较靠谱的。所以在这个阶段，他们能够充分发挥自己的实力，也更容易坚持到后面的两个阶段。

这时候大家都发现，靠自媒体写作赚钱这事居然是真的。此时此刻的他们，不仅逐渐看清了自媒体创作的本质，还获得了前所未有的快乐。哪怕多年以后，他们靠自媒体年入五十万、上百万，甚至上千万的时候，或许成就感会与日俱增，但未必能寻回当初这种单纯的欢乐了。

在这个阶段，一般很少有人放弃，也很少有人被淘汰掉。好不容易守得云开见月明，如果在这个时候退场，要么是真有天大的事情拦路，要么就是这个人“失心疯”了。

2.2.3 痛苦期

花无百日红，人无百日好，美好的时光是短暂的，很多事情迟早会面对衰退期。

有些时候，是平台的政策发生了变化。例如，2020 年下半年，今日头条把大部分的流量和收益都倾斜在横屏短视频上。哪怕做的是同一个选题，做短视频就比做长文划算得多。在这样的背景下，图文博主都受到了不同程度的冲击，这和博主自身付出了多少努力其实并无多大关系。

有些时候，是社会思潮发生了变化。如果我们调整内容的速度跟不上大众思潮的变化，流量下滑是不可避免的。

更何况，人性本身就是喜新厌旧的。例如，有人会持续追一个明星，刚开始可能异常崇拜，等新鲜劲过了，可能就会有所转变。

人们对明星的追捧尚且如此，那么对自媒体的博主也会是变化的。明星好歹还有过气这一说，但如果一个博主失去了拥护者，分分钟就会被世界所遗忘，就像这个人从未来过一般。

这个阶段的自媒体博主，是既清醒又痛苦的，要眼睁睁地看着自己的流量和收益都在下滑，但是无论怎么努力挽回，都感觉很受挫。

这个阶段的无力感是最强的。如果从未辉煌过，那也就罢了，就怕辉煌了一段时间之后，突然又变回了最初的模样。这种落差是很多人无法承受的。

在这个阶段，也会有很多人中途放弃。他们撑过了前两个阶段，却无法抵挡这个阶段的落差。

2.2.4 平静期

在自媒体行业，一批账号，一类内容，一个行业，都有可能在一夜之间被彻底抹除。稳定早已成为过去式，在如今高速发展的信息时代，我们只能不断调整，适应社会的变化。因此，我们终将以清醒而平静的心态来接纳这个现实。

当我们接纳了这一切之后，自然会明白，自媒体创作和其他流传千年的生意并无区别。只有懂得坚持的人，才有可能在这条道路上走得更远。

人生代代无穷已，江月年年只相似。能够接纳这现实和迎接变化的人，自然能在这条路上走得更远。

2.3 自媒体账号的准备工作

新手刚刚入场自媒体写作的时候，需要先给自己准备账号，并且给账号做实名认证。如果不完成这一步，未来肯定要受到影响，要么是发文功能不齐全，要么是不能提现，要么是无法正常互动。

笔者的社群主要做的几个平台包括头条号、百家号、小红书、微信公众号和知乎等，本节主要介绍小红书之外几个平台的账号建设攻略。因为小红书的规则比较特殊，所以我们要把它单独拎出来，在后面的章节中详细介绍。

账号就是创作者的门面。在内容质量相等的前提下，好的门面比破败的门面更诱人一些。

2.3.1 从头像到名字：打造人设的秘诀

选择好一个平台并注册好账号之后，就可以发文了。在正式发文之前要做的一件事，就是要学会打造人设。也就是说，能让读者一眼看出这个账号经营的方向。

打造人设的第一步，通常都是从头像和名字开始的。这个问题困扰了很多新手，他们并不知道该用什么样的图片作头像，以及不知道用什么样的名字来展示自己。

按理来说，自媒体账号是内容为王，只要内容够好，哪怕名字和头像都不突出，也会有人愿意关注。但为了确保账号能在平台之外的区域（譬如微信群截图、口耳相传等途径）传播得更广，我们还是要重视下名字和头像。

取名字要遵循“三要三不”原则，其中，“三要”的要求如下。

- 要朗朗上口（好记）。
- 要看起来像个真人（个人比机构更容易圈粉）。
- 要体现专业性（通过名字，让粉丝对你的品牌形成印象，但并非每个人都有鲜明的领域和产品，所以这条的要求是尽量做到，而不是必须做到）。
- “三不”的要求如下。
- 不要夹杂数字（看起来像乱码）。
- 不要夹杂外文。
- 不要有生僻字（别人认不出，影响传播）。

设头像则要遵循“三忌”原则如下。

- 忌丑恶血腥（你自己觉得很酷，但别人心生反感）。
- 忌盲目使用网图（缺乏辨识度，别人很难记住你）。
- 忌空白头像（看起来像个僵尸号）。

至于什么样的头像是好的，这就见仁见智了。无论是个人生活照、海马体西装照，还是手绘头像、浓妆艺术照，都是可以用作头像的。

穿西装的头像不一定就像个卖保险的，用卡通头像也不一定显得人幼稚，其实关键还是在于辨识度。做自媒体账号，就是要建设“独一无二的自我”，而头像自然也是“独一无二”的组成部分之一。

做好头像和名字，仅仅是第一步。营造人设，才是一项值得长期做下去的工作。简单来说，营造人设的原则就是：人设要真实，要有自己所长，还要能接得住，不要追求完美。

所谓“真实”，就是指我们展示的特点，必须是真实属于自己的。因为我们的账号和 IP 完全归自己所有，如果造假被戳穿了，就只能自己兜住。如果签了经纪公司，那就另当别论。

虽然人设很重要，但也无须 100% 地展示人设，只需要挑选一小部分展示出来就够了。如果某个细节的反响好，就可以隔三岔五把它晒出来，反响不好就隐藏起来。久而久之，也就自然知道哪一部分人设更受欢迎了。

做自媒体要有自己的所长，否则今天一时兴起写这个领域的话题，明天又一时兴起换了个领域，总是在不同领域跳来跳去，会让人觉得账号内容很杂，无法贴合读者需求，时间久了可能就会被取消关注。

“接得住”也很好理解：要知道，我们刻意展示给读者的人设碎片，他们未必愿意买账。但我们无意间透露的一些细节，反而容易成为别人津津乐道的话题。这个可能是以前的某个小失误、小动作或者某一句话，它一般对我们账号的专业性没什么损害，却往往会因其莫名其妙地爆红。

在大众看来，这就是“没架子，不端着，玩得起，接得住”，这种人设是非常圈粉的。例如，“歪嘴龙王”管云鹏在承接了自身梗的流量之后，得到了前所未有的支持率。

“不要追求完美”这一原则更好理解：在互联网中，总是容易形成舆论中心，这很正常。任何事物都不是绝对的，不可能每个人都被所有人喜欢，所以不用刻意迎合任何人，也不必因负面诋毁而有挫败感。

在互联网中，最圈粉的人设可以命名为“夸父虽然型人设”。夸父虽然为了理想奋不顾身，但却有凡人之身的缺陷。自媒体账号的人设基调也必须是积极向上的，同时也会有一些大众化的缺陷。

参考案例如下：

我每天都加班到很晚（谋生艰难），但我仍然热爱生活，坚持读书、健身等（根据需求选取）。

我的收入在北京排到了前20%，但我想买套房，大约需要花费600年（被房价挤压），但我仍然热爱北京，期待能在此站稳脚跟。

我是一个自由职业者，体弱多病，但我仍然维持良好的商业信誉，不会轻易失信于人。

营造缺陷的时候要注意，这项缺陷来自命运的捉弄，不是博主自身的问题，且确保多数人能够感同身受。虽则如此，博主却仍然积极向上，像夸父逐日一样追逐光明和梦想。

2.3.2 后台功能：商人要先熟悉自己的店

自媒体创作者就是商人，账号就是店铺。所以，要想做到正常营业，并且能够盈利，就必须对自己的店铺足够熟悉，才能把店铺运营得有声有色。很多新手宁可满世界问来问去，也不舍得花 10 分钟熟悉自己的账号功能。如果连自己的后台都不愿意仔细看，没有耐心深入研究，又怎么能长期维护，并将账号做好呢？

下面将会列出熟悉账号后台功能的流程。至于具体的执行过程，则需要自己动手操作。

一般来说，今日头条、百家号、微信公众号、知乎的账号都能在电脑端和手机端登录。从创作者的角度出发，电脑端登录视野更好，排版更方便，菜单也更一目了然。菜单功能大多在屏幕的左侧，有一小部分在右上角，也就是自己的头像附近。

第一步：熟悉发文功能。

无论是哪个自媒体平台，都有各种不同体裁的长文、短文，各自的流量入口也不同。新手上路，起码要知道自己的账号能发哪些文体，然后逐一发一遍，才算是初步熟悉了发文功能。

第二步：熟悉账号权益。

很多学员总爱问这样的问题："我什么时候能带货，什么时候能开通收益？"其实，这些问题的答案在账号的后台写得清清楚楚。有的平台是账号的粉丝达到一定数量后开通相关权益，有的平台是满足等级后才能开通。不同运营平台的具体规则，需要在相应账号的后台自行熟悉。

另外，最重要的还是"内容为王"。要先有优质的内容，平台才会愿意给创作者开通权益；而不是先设法开了权益，再来研究优质的内容该怎么写。所以，不要弄错了顺序。

第三步：全面熟悉功能。

在了解了平台权益，并熟悉了内容之后，我们还要学会使用账号自带的功能，包括但不限于置顶、建立菜单、设置私信自动回复等。每个平台开启这些功能的要求不同，我们可以根据平台的要求自行摸索。

第四步：熟悉同行主页。

当我们审视自己的主页时，有些问题是很难发现的：要么是给自己加了滤镜，看不出自己账号的问题；要么是习以为常，容易忽略一些问题或是视而不见；要么能看出自己的问题，却不知道应该怎么优化。要解决这些问题，需要用一个小小的技巧——以粉丝的角度，重新审视自己的账号（禁止一机登录两号，不然有封号风险）。

以今日头条为例，特别强调一下，这里就要使用手机了，因为我们创作的内容要被推送到手机上的今日头条 APP 里，如果用粉丝视角审视账号，就必须把视角从电脑切换到手机上。

审视自己账号的同时，也可以同时关注几个和自己同领域的、内容近似的账号来进行对比，看看自己的主页视觉效果和别人比起来有什么差别，然后一步一步优化自己的账号。

挑选对标账号的准则，暂且将其命名为“头、万、三”。

- 头：我们运营的主平台是今日头条，所以一般都从今日头条 APP 上寻找对标账号（其他平台自行灵活更换）。我们可以在一个名叫“头条号”的官方账号里翻找近一个月的账号营销价值排行榜。在大多数平台，只要关注官方的账号，都能找到类似的榜单。到时候，可以根据自己主运营的平台，在榜单里挑选对标账号。
- 万：指的是挑选粉丝数为 1 万～5 万的账号。粉丝数低于 1 万的账号，没有持续出产爆款的能力，不予考虑；粉丝数高于 5 万的账号，有可能是团队运营的，也可能是赶上了风口，它的内容适合博主自己，但未必适合我们。
- 三：指的是挑选近三个月内有爆款的账号。这里要排除明星、知名人士、热点新闻当事人的账号，因为他们有名气的加成。

如果我们觉得同行的账号在某个方面做得很好，但自己却做得不到位的话，就可以以该账号为参考立刻将自己的账号优化起来。

2.3.3 平台活动：了解平台奖励规则高效运营

按道理来说，自媒体平台中各种内容在流量、收益上都是平等的。但也会有一些内容，要比同类的内容更平等，它就是平台组织的有奖活动。

在自媒体的任何一个平台的后台，都会把有奖创作活动放在显眼的位置。活动主题是什么、赞助商是谁，在活动详情页里都是可以看得到的。

每个创作者在参加活动之前，务必要仔细看看奖励详情，如果奖品对自己来讲没用，那么最好不要强行参加。除此之外，我们参加活动的内容要和主题符合，不要“挂羊头卖狗肉”，一旦被平台抓住，会影响账号的发展。只要内容是认真写的，又高度符合活动的要求，就有很大的概率获得奖励。

以上便是我们前期需要做的准备工作，无论是运营哪个平台，这些工作都是必不可少的。

2.4 信息时代的写作工具

在不同的时代，文字有不同的载体。古人记录文字的载体有龟甲、铜器、绢帛、竹木简等，当廉价又轻便的纸张诞生之后，那些昂贵或沉重的物品便被淘汰了。而在信息时代，无纸化又成了更廉价、更轻便的写作方式。只要我们掏出智能手机，便能随时随地完成写作与发布的流程。

2.4.1 幕布：思维导图式管理工具

俗话说，“巧妇难为无米之炊”。写作也一样，哪怕有一个好的主题，如果没有好的素材，也会是无从下手。所以，平常可以将能作为素材的资源整理保存下来，以便需要时快速地调取出来。

在整理写作的素材时，我们常使用能多机相连的电子素材工具，如石墨文档、有道云笔记和幕布等。这些工具在电脑端有网页版，在手机端有 APP，而且两边的数据是共通的（通过云端存储），使用起来是非常方便的。

石墨文档在线协同工作很方便，但它后台主页的文件很难找，而且不易分门别类。有道云笔记是一款非常好用、且非常可靠的草稿本，但有道云笔记没有提纲功能，也不能形成思维导图。而幕布是一款结合了大纲笔记和思维导图的头脑管理工具，有以上两款工具的长处，且加载速度极快，能帮助我们用更高效的方式和更清晰的结构来记录笔记、管理任务、制订计划，甚至是组织头脑风暴。所以，更推荐使用幕布工具来作为建设素材库的工具。

1. 如何用幕布创建素材库

很多新手作者在实践环节中，往往不知道该如何着手创建写作素材库，也不懂得该如何从素材库里快速调取素材。下面将讲解如何创建素材库。

用幕布工具创建出的素材库，往往是层级分明的。

使用幕布工具的具体操作方法非常简单，以图 2-1 中的书籍素材笔记为例，来简单讲解素材库的创建方法。

首先，在上面输入创作内容的标题，如图 2-1 中的“中国食辣史”。

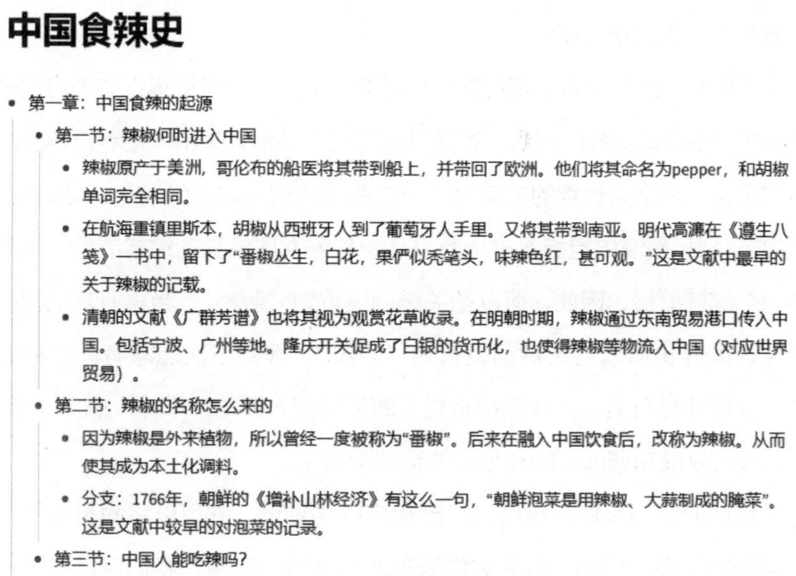

中国食辣史

- 第一章：中国食辣的起源
  - 第一节：辣椒何时进入中国
    - 辣椒原产于美洲，哥伦布的船医将其带到船上，并带回了欧洲。他们将其命名为pepper，和胡椒单词完全相同。
    - 在航海重镇里斯本，胡椒从西班牙人到了葡萄牙人手里。又将其带到南亚。明代高濂在《遵生八笺》一书中，留下了“番椒丛生，白花，果俨似秃笔头，味辣色红，甚可观。”这是文献中最早的关于辣椒的记载。
    - 清朝的文献《广群芳谱》也将其视为观赏花草收录。在明朝时期，辣椒通过东南贸易港口传入中国。包括宁波、广州等地。隆庆开关促成了白银的货币化，也使得辣椒等物流入中国（对应世界贸易）。
  - 第二节：辣椒的名称怎么来的
    - 因为辣椒是外来植物，所以曾经一度被称为“番椒”。后来在融入中国饮食后，改称为辣椒。从而使其成为本土化调料。
    - 分支：1766年，朝鲜的《增补山林经济》有这么一句，“朝鲜泡菜是用辣椒、大蒜制成的腌菜”。这是文献中较早的对泡菜的记录。
  - 第三节：中国人能吃辣吗？

图 2-1　幕布笔记示意图

其次，在输入的标题下面，可以列出本篇文章的框架，先列出章名，如图 2-1

中标题下的第一行。这篇文章一共分为几章，这些章将会位于同一层级，即在垂直的一条线上。

然后，在章的下面又可以分为节，如图 2-1 中标题下的第 2 行为小节，节与节也是同一层级，也在同一垂直线上。划分好节名之后，就可以根据小节的主题填充具体的内容了，如图 2-1 中标题下的第 3 行开始为具体的内容。

使用幕布工具填充内容，就像画思维导图似的，层级非常清晰，也方便我们后期进行修改和提取。

在写具体内容的阶段，我们务必要用自己的话重新描述自己所遇到的知识点，最好不要从素材库中直接复制粘贴。如果复制粘贴的话，也就缺了一个思考加工的过程，自然也就无法加深记忆，之后便会很快忘掉这个知识点。等当我们想用某个素材的时候，可能就忘记了之前曾经创建过的这个素材，也就无法提取想要的素材了。

2. 如何设立“检索关键词”

在创建完素材之后，我们在将来想调用某个素材的时候，该用什么样的手段来迅速检索到需要的素材呢？

不管任何领域的创作者，都可以把自己领域的一些常见词语设置为自己的检索关键词。在需要调取素材的时候，就可以通过这些关键词来精准把素材调取出来。

通常来说，能用来检索的关键词，一般都和我们选定的创作领域直接相关。

例如，《乘风破浪的姐姐》这个节目是娱乐圈女团成长的综艺节目，也是关于明星的一个综艺节目，因此，可以把关键词设置为“明星”。当再有其他和明星有关的事件，同样也可以将关键词设置为“明星”。等到下次想写有关明星的文章时，就可以打开幕布工具，找到搜索栏（即带有放大镜的一个输入框），然后搜索“明星”，就可以成功调取和明星相关的全部素材了。

对于其他的热门事件，也可以找到相应的关键词，并可以将同类事件归纳到相同关键词的下面。例如，有人假借靳东的名义行使诈骗，我们可以将这种事件的关键词列为“诈骗”，当再有这种类似事件发生时，我们就可以搜索这个关键词，调取出之前的笔记作为素材，要比到处搜索素材方便很多。

在写作时，有时候有些素材可以反复调用，但有些素材需要有时效性，比如热点新闻，时间太久远的素材对文章进行说明的意义有可能不大，所以要及时补充新的素材，当有新的热点新闻或者自己想到了一个新的思路都要及时整理下来，更新到新的素材库，这样我们素材库的资源就会越来越丰富。

当然，素材的来源绝不仅限于热点事件，也可以包括书中金句、读书笔记、观影想法、对待事物的观点、社会见闻，等等。但是要注意，在整理素材时，一定要合理划分关键词，这样在提取时才会精准地提取出曾经存储的信息。

只要充分熟悉了“整理笔记、设置关键词、用关键词检索调取素材”这个流程，就可以轻松地掌握幕布素材库的创建和使用方法了。

2.4.2 讯飞语音输入法：快速辅助写作

有时候正在干别的事，比如正在打扫卫生，或是正在吃饭，或者正走在路上，这时候不方便或者腾不出手敲打键盘来记录脑中灵光一现的想法，而等到方便记录时，可能想法又没有了，就会让人感觉很遗憾。如果有一款软件能用语音，而不必使用双手就能将当时的灵感记录下来该多好。其实，现在确实有这样的软件，比如讯飞语音输入法，它可以解放我们的双手，用语音来记录我们的灵感和创作内容。

在写作时，有时候打字速度会比较慢，这时也可以使用这款语音输入软件。讯飞语音输入法的使用方法非常简单，用手机下载“讯飞语音输入法”APP，并且将输入法切换过去，然后打开任意一款笔记 APP，就可以尝试用语音写作了。如果用不习惯这款软件，也可以试试其他的语音输入软件，效果也是大同小异的。

选择用语音写作，效率将会提高很多。毕竟人说话的语速，要比打字的速度快得多。如果选择用语音写稿，写作的速度将能够得到数十倍的提升。笔者之所以每天都能坚持输出 5000 ~ 15000 字的内容，其背后的最大功臣，便是这种神奇的输入方式了。

但也有人表示，自己在写作的时候，根本不适应这种“用嘴写作”的方式。最大的问题在于，脑子跟不上嘴的节奏，说着说着就张口结舌了，最后速度也没提高多少。如果想用语音输入提高效率的话，可以参考以下流程方法，按照流程循序渐进，一步一步地夯实基础，从而可以有效掌握语音写作的全部技巧。

1. 写一篇 300 ~ 500 字的知乎问答

使用语音输入写作时，我们可以先从最简单的写作练起来，也就是根据热点来写出 300 ~ 500 字的知乎问答。首先，我们选取好一个值得写的热点问题，然后稍加整理下思路就可以开始输入了。

问答就是自己是如何看待这个问题的，问答的结构如下：

复述事实（200 ~ 300 字）+ 观点陈述（100 ~ 200 字）

在回答问题时，首先要明白这个问题想要表达什么，问题的关键是什么。然后再围绕这个关键展开说明自己的想法和看法。

对待同一个问题，可能每一个人的看法都不同，不要人云亦云，不要别人觉得怎么好就一定要跟着别人的想法走。要有自己的观点，这样才能体现出自己的特点。

在对问题进行回答时，不要顾左右而言他，更不要胡言乱语，也不要观点不明，这样的回答是没有意义的。问答就是要针对问题给出最佳答案，因此要复述事实，就是用论据来说明，然后补充自己的观点，这样才能给别人以参考。所以，要想让别人能看懂自己的想法，在这个练习阶段中，要重点锻炼自己对事实的复述和概括能力，以及简单的分析和归纳能力。

复述事实时，争取控制在比较短的篇幅里，最好二三百字就能将其解决，观点最好浓缩到一两百字，整个答案尽量控制在五百字以内。如果仅仅是讲一个故事或说一个观点，用三五百字概括恰到好处。太短了无法达到练习语音写作的目的，太长了读者没耐心看，也完全没必要。

当完成这个最基础的练习，并且能做到在看到问题后 20 分钟之内打好腹稿，用 10 分钟的时间以语音输入这五百字，然后用 10 分钟的时间梳理修改发出，这便通过了第一个阶段的考验。

2. 写一篇 800 ~ 1200 字的微头条

微头条比问答中的结构稍复杂一些，结构如下：

复述事实（200～300字）+引用素材（400～600字）+观点陈述（200～300字）

我们在写微头条时，可以在问答结构的基础上，从中间添加一个结构，也就是引用素材，用以强化论证。素材的添加可以通过我们前面讲的素材库进行搜索，比如通过幕布笔记法，在创建好的素材库中选取有用的素材填充进去。

复述事实要用论据加以证实，那么就可以用一些经典的案例事件来证实，只要这个事件是真实存在的，它就可以用在素材模块里。我们在论证时，从素材库里直接调取就可以了。

在论证时，通常要用两个素材来支撑一个观点，一个素材太少，两个会更具有信服度。如果用这样的结构练习语音写作，我们不仅可以锻炼素材复述能力、观点输出能力，还能额外锻炼我们的素材回忆能力。

3. 写一篇1800～2500字的长文

所谓长文，就是一篇完整的文章，要比微头条的内容更加丰满，我们在写作时，可以按下面这种结构展开：

复述事实（300～400字）+引用素材（600～800字）+引经据典（600～800字）+观点陈述（300～500字）

上面的结构比微头条多了一个“引经据典”，那么它和前面的“引用素材”到底有什么区别？

这里的“引经据典”指的是相对权威的内容，就是在前面引用素材之后，再找出一些更有说服力的论据加以说明，会让这篇文章更加丰富，有深度。

“引经据典”除了可以有力地来论证我们的观点，还能带来一定的信服力，也会吸引到粉丝的关注。到了这个阶段的技能练习，语音写作的水平也将突飞猛进。

4. 写一篇有个人风格的长文

写出一篇有个人风格的长文与上面的结构相同，但我们在某个模块中可能想要体现自己的风格，给粉丝一些特殊的阅读体验，那就要在文章中写出自己的特色。形成自己的风格也就是说这种内容只此一家，再无分号。

例如，在写作结构方面可以采用“逐层递进”式的结构，这可以带给粉丝一种“一浪高似一浪”的感觉。

除了“逐层递进”式结构之外，我们还可以参考“神转折”结构，就是在同样结构的内容中，尽可能多地埋藏一些观点的转折。与前面铺平垫稳的写法相比，“神转折”式结构的结尾通常会让人更加猝不及防，给别人一种“啊，没想到结局是这样”的感觉。只要结尾干净有力，就能让人在大呼过瘾之余，仍然有意犹未尽的感觉，这会激发对方对你账号的强烈的关注欲望。阅读这样的文章，就像福尔摩斯探案一般，如果不看到最后一页的最后一行，也就永远不知道最终的结局是什么样的。

此外，在写作方式上可以采用“深入浅出”的方式，指的是能把复杂的内容，用通俗的话给外行讲明白了，这种写作方式是非常受粉丝喜爱的。当然，这种能力也需要长期的练习，不是一两天就能养成的。

要想让自己的文章写得深入浅出，必须要在达成前面所有目标的基础上，多加积累素材，多了解读者需求，最重要的是多加练习写作。

第三章

找一个好的创作方向

闻道有先后，术业有专攻。每个人都有自己的优势，如果能把自己的优势运用到写作上，可以最大程度地发挥自身的能力，从而获得一份工资以外的收益。

接下来，为自己找一个合适的方向，开始在自媒体的垂直领域里创作吧。

3.1 请坚持垂直创作

当选择了商业创作之后，发布的每条内容便不再是为自己写的，而是为粉丝写的。我们之所以要选择垂直创作，就是为了让自己的账号属性更加突出，方便同频的人找到我们，并转化为铁杆粉丝。

在自媒体的写作中，那些真正能变现的领域，与我们惯常认知中的创作领域其实是不尽相同的。

3.1.1 官方领域不如细分领域

如果我们按照官方规定的宽泛领域，譬如情感、文史、职场等去创作，未来的道路可能会很难走。因为这类内容的流量非常不稳定，尤其是在流量的低谷期，每篇内容的阅读量会低到让我们产生很深的挫败感，最终选择放弃。

对于这些宽泛的领域，并不适合我们这些新手作者。头部作者在这些领域深耕多年，无论是名气、造诣还是信任度，都远在新手之上。在宽泛领域，头部作者就像开着跑车驰骋，而普通作者就像骑着共享单车追赶他们。因此，在这些领域中想要追赶上他们，很难有胜算。

如果我们想摆脱头部作者的阴影，就必须在宽泛的领域中找出适合自己的细分领域。大 V 满足不了的阅读需求，我们可以来满足；大 V 填补不过来的产品漏洞，我们可以来填补。

当你明白这个道理后，就可以开始建设自己的垂直领域了。

3.1.2 细分领域的优势

所谓细分领域，就是指在官方所规定的创作领域里，挑选出更具体的分支领域进行创作。也就是说，要将我们账号主页出现的全部内容，都限定于一个相对封闭的素材范围内。虽然这个范围是比官方所规定的领域小了很多，但对目标人群更有针对性。

比如说，如果你是一个影视类作者，但什么影评都写，这就算是一个普通的影评作者。但如果你的全部影评，都是和某一部电视剧相关的，那就算是一个细分领域的作者了。

比起宽泛领域，细分领域有着自己独特的优势。例如，我们以热门的个人成长型电视剧的影评写作为例，来分别阐述这方面领域所具有的几个优势。

1. 粉丝黏性强

如果我们针对很多散而乱的影视剧写观后感，进行影评输出。从年代感来讲，有人喜欢古装剧，有人喜欢现代剧，有人喜欢谍战片；从题材方面来讲，有人喜欢青春偶像的，有人喜欢都市爱情的，有人喜欢逻辑推理的，有人喜欢成长励志的……如果有人喜欢现代剧，而我们发古装剧的影评，粉丝可能就不爱看；如果有人喜欢个人成长的，我们发青春偶像的影评，粉丝可能也不爱看……因为发得太散乱，粉丝并不具有一定的黏性，他们随时都会取消关注我们的账号。而如果我们缩小一下范围，锁定某一个固定的领域，这时候输出的内容可能就会对关注的粉丝具有很强的吸引力，我们的粉丝黏性也会进一步增强。

2. 账号收益高

当粉丝的黏性增强后，他们会持续关注我们的账号，反复翻看我们发布的内容，并大概率与我们的账号产生互动。因为粉丝的黏性高，阅读量也高，我们账号的直接流量收益也会随之提高。与此同时，我们账号的内容数据会变得更好，影视剧宣发也会有更大的概率来找我们的账号投放广告。因此，账号的收益也会随之增加。

3. 转化效率高

当粉丝的黏性增强后，会带来一定的阅读量。这时，除了直接的流量收益及投放广告的收益之外，账号的创作者还可以开发与所评电视剧相关的课程类的产品，来帮助粉丝加深对剧中传递价值的理解，从而获得更多的成长。如果创作者只在细分领域里创作内容，那么这也会促使作者不断挖掘该领域中的细节，并进行深度分析。这种观点会对粉丝带来更大的冲击和探索欲，从而让读者对深度解读的付费产品拥有更多的消费动力。

4. 竞争不激烈

通常来说，头部作者一般都会追着热点走，因为热点往往会给他们的账号带来更多的流量，所以他们很少会关注其他细分的领域，就如同大象无暇观察蚂蚁的洞穴一般。所以，在头部作者都在关注热点的时候，而我们恰好可以填补这个空隙，在他们所忽略的领域挖掘出自己的一块领域，从而继承细分领域的忠诚追随者，从而可以避免和头部作者进行竞争，并可以获取更多的收益。

在了解了官方领域和细分领域之后，在接下来的创作中一定要选好自己所擅长的领域，这样我们才能在自媒体创作的路上持续输出，越走越远。

3.2 如何确定自己的创作方向

在创建了自己的自媒体账号之后，很多新手不知道从哪开始创作内容，也就是没有创作方向。没有创作方向，那又何谈变现呢？既然想变现，就要弄清楚自己要创作的方向。

对于创作方向，可遵循这个理念：先确定变现产品，然后根据产品确定领域，最后根据领域输出内容。

对于“等粉丝多了再考虑变现”这种思路，我们是不提倡的，因为这不是一条高效的崛起之路，而是产品缺失的无奈之举。如果要等粉丝多了再考虑变现，不仅很难保证转化率，粉丝也可能会说“你变了，我取关了”。

例如，2019 年最为火爆的抖音剧情号流量很大，涨粉的速度很快。但到后期，只有极少数账号可以靠接广告维持生存，其余的账号大都因入不敷出而关闭。现在，在抖音上还能看到早已停更的“僵尸剧情号”。自媒体创作也一样，这个领域变化很快，因此不要等做到一定粉丝数才开始考虑变现，也许等涨到一定的粉丝数，再开始向变现条件看齐，又不能满足粉丝需求了，将会导致很多人取消关注我们的账号。

1. 挖掘职业优势

在开始创作自媒体时，如果想按照“产品——领域——内容”这个顺序来做自己的账号的话，可以先挖掘自己的职业优势。如果从事的是刚需类职业，那就可以从自己的专业入手。

什么是刚需类职业？就是满足社会正常运转的硬性需求职业。比如律师、医生、教师等都可以归入刚需类职业。这类职业一定要做职业认证，然后重点创作与职业相关的内容。如果需要具体的参考案例，可以在今日头条 APP 上搜索相关的账号，然后进行对标。

考证达人、考公达人、考研达人、文案写作达人或者是资深 HR，通常也属于刚需类职业。因为，有很多人对此有需求。

总而言之，如果自己的某段工作或学习经历能给别人以参考，能够帮助到他人，就可以把它当成创作方向。

2. 找到兴趣爱好

做自媒体，也不一定非得选择自己职业方向的领域，我们可以创作自己最感兴趣、最喜欢的内容。因为自己喜欢的事情，是可以长期坚持做下去的。

大多数创作者都会选择自己喜欢的内容作为创作方向。在创作之前，首先要分析自己有什么兴趣爱好，在这些兴趣爱好中又最擅长哪一种。然后再考虑输出，看看自己的这些兴趣爱好能否作为内容进行持续不断的输出。当确定完就可以根据自己的爱好进行创作了。

3. 书评

如果真的既没有技能，又没有爱好，那么也可以选择写书评。

写书评的好处主要包括以下几点。

要想写书评，需要先阅读该书，因此，写书评能促使我们多读书，达到开阔眼界、丰富学识的目的。

在写书评的过程中，我们需要提炼自己的观点，要想有自己的观点，就需要多思考，因此，这样写书评既促进了思考，也增加了对知识点的印象。

书评还可以作为笔记留存下来，将来写其他稿子的时候，说不定还会发挥其他作用。

3.3 初步尝试变现

自媒体创作的终极目标还是变现，在了解了如何创建账号之后，再来了解下变现。虽然说互联网发文的门槛很低，人人都可以成为作者，但并不是什么文章都能变现，变现对文章内容质量还是有一定要求的。以下案例均为真实的变现经历，来自笔者本人和朝闻道写作社群的学员们。

3.3.1 写一周微头条获得 500 元的心得

我在 2021 年 6 月期间，坚持写了一个星期的微头条，累计收益 500 元左右，如图 3-1 所示。

收益趋势分析

时间 7天 14天 30天 2021-06-09 ~ 2021-06-16

日期	总计	创作收益	赞赏收益
2021-06-16	32.08	32.08	0
2021-06-15	8.16	8.16	0
2021-06-14	110.10	110.10	0
2021-06-13	39.78	39.78	0
2021-06-12	152.06	152.06	0
2021-06-11	110.65	110.65	0
2021-06-10	83.36	83.36	0

图 3-1 微头条收益截图

如果想写出爆款微头条，需要注意哪些要点呢？

1. 避免陈词滥调

很多学员问我，同样是评价《红楼梦》《射雕英雄传》这类作品，为什么很多人写出来的内容吸引不到流量？因为写这类内容的人太多了，单单一个“红学”就被写了很多年，浅层次的东西早就被写尽了，而且研究得浅的话也没人愿意看。在这样的环境下，如果能解读出一丁点新花样，就会吸引大量粉丝来关注。

如果不知道该怎么写出新意，那么可以分析同类账号都是从什么方向入手，对方账号描写的有什么特点，分析完别人再分析自己，看看自己有什么新发现，不要人云亦云，要避免陈词滥调。

2. 内容层层递进

很多人在写作的时候，思维都非常跳脱，经常从一件事，毫无转折地突然跳到另一件事上。在独自思考的时候，思维跳脱倒也没什么。但如果把想法写成文字并公开发表时，就必须考虑这样的问题：我们的读者能接受这种表达方式吗？他们读的时候会不会感觉莫名其妙中途就关闭页面了？这会为我们带来多少损失？这是多数作者亟待解决的问题。

我们在写文章的时候，一定要加强这个方面的阅读体验，也就是让内容层层递进。这样读者在阅读的时候就会像爬楼梯一样，一层接着一层而不会踩空，这样层层递进会让读者在不知不觉中就把上千字的内容看完了，所以不仅内容爆了，总阅读时长也增加了，阅读单价也随之增加了。

运营不仅仅是发篇文章就完事了，要想变现就要有粉丝和阅读量，因此不要忘了评论区的粉丝。我们必须及时回复他们、引导他们，才能够让评论区足够热闹，从而进一步提升流量。为了提高粉丝的留言积极性，我们有必要在评论区“适当钓鱼”，这一步看起来不起眼，实际上威力无穷。

例如，笔者写的关于郭靖黄蓉的某一篇文章中，在评论区故意留言说郭靖送黄蓉的东西值一个“宝马 X5”（其实不用深究到底值多少，只是一个噱头，以引起粉丝的积极留言和展示）。读者们看到这个留言之后，纷纷跳出来反驳，评论区一下子就热闹了起来。

如果博主非得把自己塑造成全知全能的智者，有时候会显得太较真，别人反而不太愿意跟着互动了，这样和大家的距离也就被一下子拉远了。但如果故意装个糊涂，给别人留个破绽，也许与粉丝的互动量就会爆棚，人气也会变得很旺。所以，评论区的功能也很重要，不要忽略。

以上便是我写一周微头条顺利变现 500 元的极简干货攻略，希望这些简单的心得，能为你带来一些有用的帮助。

3.3.2 今日头条问答变现

在今日头条的各种变现方式中，问答属于一种相对主流的变现方式。在今日头条 APP 的上方搜索栏中搜索“问答”，即可进入“问答”频道，在这里可以挑选问题来进行回答。只要账号的粉丝量达到 100，就可以开通问答的收益权限，只要回答了问题，通常就会得到现金收益。如果问答所爆的流量越多，账号的现金收益也就越高。

写完问答后，它会在 1 ~ 3 天内逐渐推送出流量，未来的 1 ~ 2 年之内，它还会有一些长尾的流量。很可能我们去年写下的问答，今年还能每天给我们贡献一两块钱。如果想要得到流量，就要重视答题的技巧了，在后面章节将会对今日头条的问答变现的经验进行相对深入的阐述。本小节将针对故事型问答讲解写作经验，要想写出爆款的故事类问答，需要注意以下几点。

1. 了解问题分类

今日头条平台上关于故事型问答的分类，无外乎“虐文”“爽文”“甜文”这三大类。

所谓“虐文”，主要是故事中的主角的生活经历比较苦楚，甚至比较凄惨，不禁让人心生同情，从而引发读者心理上的共鸣。

“爽文”在网文中也比较常见，主要是故事的主角在前面挨欺负，后面开始扭转局面，然后扬眉吐气，让人看了十分解气。

“甜文”主要和爱情相关，通常在前面会面临很多小插曲，充满艰难，主角与人斗智斗勇，最后收获美满爱情，可以说是非常甜美了。

如果不知道自己适合哪一款，就可以把这些方法，逐一都试一遍。等全都试过了，自然也就知道哪一类更适合自己了。

2. 选择共性话题

不管选择哪一种类型的话题，都要选择大家普遍关注的话题，对于这种问题的回答通常会引发大家的关注。

下面以“虐文”话题为例，因为人是情感动物，在看待事物时容易代入自己的情感。所以，我们要选一个与大多数人都有关的话题，这样才更容易引发大家的思考和共鸣，从而带来更多的曝光量。

例如，笔者在问答中选定的问题为“如果你老了只有你一个人，你会怎么过

剩下的人生？”，因为每个人都会变老，每个人都会思考变老后的生活，所以这个问题算是大多数人都会关注的话题。

针对这个问题，重点考虑的是孤独的一个人和年纪大了，切合这两点，再考虑一下人们普遍关注的老年问题，再结合身边的人和事进行回答即可。

年纪大了自己一个人，肯定会考虑心理上是否孤独的问题，还要考虑养老就医问题，这就又涉及心态和金钱问题，最后围绕这几个点进行展开即可，这既与每个人切身相关，也是现在的一种社会现状，因此能够引发读者共鸣。

3. 问答类写法

故事型问答的话题，不管是“甜文”“爽文”，还是“虐文”，首先要选择一个热门话题。在选择好一个热门问题之后，再针对问题进行回答。

在回答一个问题时，可以采用“三段论”，即按“现象＋观点＋方法”方式去写。首先，要写明大家关注的痛点，以引发大家思考；其次，要写出自己的观点或者看法，表明自己的立场和态度；然后，给出可行的解决方法，针对问题解决问题。这样的回答文字不会太多，而且条理清晰，也方便读者阅读和了解。

例如，针对上述问题，笔者结合身边独身且年龄大的朋友所遇到的问题进行了概要描述，也就是写了一个人即将迈入老年生活所遇到的常见问题；然后表明了自己如何看待这种现象，有正有反，且立场要客观；最后对这种现象给出了一种解决方法，比如，对于喜欢一个人生活不想被他人打扰的，但又担心生命健康问题的，可以与朋友约好多久联系一次。

新手作者刚开始的收益可能不会太多，但最起码迈出了尝试写作的那一步，获得了一项新的写作技能，只要坚持下去都会有所收获。

第四章

徒手原地起爆款

对于自媒体创作者来说，流量直接决定了收益。如果要想让自己的自媒体账号生存下去，就必须掌握爆款创作的思维。通常来说，爆款文章要有惊艳的亮相和实在的内容。

下面，我们就从“亮相”和“内容”两个方面入手，来了解爆款文的必备要素。

4.1 “开幕雷击”：抢夺注意力的秘诀

在自媒体时代，人人都可以创建自己的账号，也都可以发表东西，于是网络中的内容如雨后春笋一般，涌现出了一批又一批，让人看得眼花缭乱。那么，在如此众多的内容中，如何让自己所发布的内容被人关注到呢？

在网络中有个词叫“开幕雷击”，泛指别人在第一眼看到视频或文字时，仿佛遭受雷击一般。也就是说，作品中有非常吸引人眼球的元素，会驱使别人继续翻阅。

在自媒体领域，如果所写内容太过平淡，就会被淹没在网络的洪流中。所以，我们所发布的内容要想在众多内容中被别人看到，并被别人所关注，就要有“开幕雷击”的效果，这样才会引发读者持续追踪。

要想有“开幕雷击”的效果，除了要有吸引人的话题，还要在吸引人的话题中有博人眼球的要点。所以，我们在写内容时，也要注意这两点。

例如，我们想要写一篇新闻，如何创造“开幕雷击”的效果呢？接下来对其分析。

首先，要弄清楚我们所要写的新闻是什么类型的新闻，是社会类的、民生类的、教育类的，还是娱乐类的？在确定好大范围之后，这样我们在写新闻的时候就有一个细分领域了。

其次，在细分好领域之后要在这个领域里创造一个热门话题。针对当前所发生的新闻事件，看有无类似情况？这次与之前相比有什么更深层次的东西能引发社会性的思考？从中筛选出一个大家普遍关注的点，创作一个热门话题。

然后，内容要能博人眼球。在细分好领域并创造出热点话题之后，就要开始写新闻内容了。如果内容太多平淡，这则新闻就会显得无关痛痒，就像生活中常见的小事一般，读者扫一眼就不想再继续看了。所以，在开始写时一定要注意所写内容能抓住读者眼球。

在着手写新闻时要注意两点，一是标题，二是内容。

标题的提炼要有冲击力。标题要简短凝练，让人一目了然，或带有一定悬念。不管是一目了然，还是有一点悬念，出发点一定要切合读者的心理需求，因为人们往往会关注自身需求，这样他们才会有想打开查看详情的想法。

在内容方面，也可以和故事型问答一样写成“三段论”，但格式为“当前事件+普遍现象+社会性思考”，围绕这三点展开既可写明新闻事件，又能引出社会普遍现象，还能引发社会性的思考。但要注意，在第一点，也就是“当前事件”中一定要突出事件的重要性，以达到震撼的效果，才能让人继续往下阅读。按上述“三段论”对其进行分析，也许看似普通的一则新闻，一旦上升到社会性层面就不再是一件小事了。所以，这也就诞生了一个热点话题。

无论是写普通内容还是写新闻，都可以按照上述思路进行分析和整理，从而制造出“开幕雷击”的效果。

4.2 分清“正常”和“异常”

传媒圈的人经常说一句话：“狗咬人不是新闻，人咬狗才是新闻。”如果把这句话翻译成朝闻道写作社群风格的语言，那就是“正常内容不能充当开幕雷击，只有异常内容才能充当开幕雷击”。

但要命的是，很多人分不清什么是“正常”内容，什么是“异常”内容。有的人虽然找到了“异常”的选题，却无法在“开幕雷击”里体现出“异常”的信息，从而与出爆款的机会擦肩而过。

在分析话题时，我们该如何辨认“正常”和“异常”，又该如何对所写内容营造出一个“异常”的开头呢？

4.2.1 什么是“异常”

有些事情每天都在发生，但大家早就习以为常了，这就是“正常”的场景。一旦这个场景里面出现了一些偶然的元素，那就是珍贵的“异常”事件。假如把这样的事件写到我们的内容里，而且技巧得当的话，它大概率就会成为一个爆款。

例如，随着人们生活水平的提高及心灵的空缺，很多人会选择养宠物来陪伴自己。通常，宠物比一般动物可爱、温顺、通人性，大多人也都喜欢小动物，于是，养宠物也成了一个普遍现象。如果有条件，很多人也都愿意去养。

宠物不但看起来很可爱，而且在生活中也会给人带来很多乐趣。宠物的主人也会像疼爱孩子般疼爱自己的宠物，会带它们遛弯，给它们洗澡，给它们修剪发型，还会为它们穿衣打扮，这都是出自对它们的喜爱。这都是“正常”现象。

然而，也有极少一些人养宠物是出于变态心理，也许刚开始对宠物确实很宠爱，但是后来却会虐待。虐待宠物不但破坏社会公共秩序，影响极其恶劣，还会引起人们的公愤。所以，不宠反虐这种现象是“异常”的。

此外，还有一些人养宠物是为了陪伴自己，获得心灵慰藉，所以对待宠物就像对待自己的孩子一般，非常呵护。在大家的印象中，宠物应该是温顺的，主人这么宠爱它，那么它应该也是通人性或者体贴主人的。按理说，宠物通常是温顺的，所以如果出现了宠物攻击主人的情况，就会让人颇感惊讶，这便是“异常”的。

还有，宠物是不会说话的小动物，与人交流还是存在一定的困难，通常体格也较小，在外力上也帮不上主人什么忙。如果发生了宠物救人的情况，会让人很是感动，这也算是一种“异常”的内容。

生活中有很多事，我们早已习以为常，无论大事小事，我们都以为是常态。其实，只要细心观察，总能在这许多的平常事中找到一些“异常”，从而将其提炼出来，形成“开幕雷击”的效果。

4.2.2 如何营造异常的开头

在生活中，发现“异常”只是第一步。身为创作者，我们还需要把它写得足够传神，才能把内容打造成爆款。

想做到这一步也不难，最简单的方法是“异常”元素密集地堆叠在开头即可。如果在开头堆叠的“异常”信息越密集，就越容易吸引别人的眼球。

在这里笔者用测试流量的微头条开头来举例：

在《射雕英雄传》里，郭靖刚见到扮成叫花子的黄蓉，就给了她两锭黄金（见面就给钱？异常1），外加一匹汗血马（连无价之宝也给了，异常2），还请黄蓉吃了一顿22道菜的盛宴（为什么这么奢侈？异常3）。后来看完《三侠五义》（这和射雕有什么关系？异常4）我才知道，这原来全是套路（是谁在套路谁？异常5）。

这篇有关《射雕英雄传》的微头条的点击率是15.3%，超过了88%的同类作品。短短的几行字堆叠了5个异常元素，让人感觉很好奇。有这样的开头，成为爆款一点都不难。数据如图4-1所示。

在《木兰辞》问世后的一千多年里，不断有人质疑：花木兰在洗澡或生理期的时候不会暴露自己的性别吗（这的确是个问题，异常1）？我明确地告诉你：不会（为什么？异常2）。换成你跟她当十二年的“火伴”，你也发现不了（难道我们都是盲人？异常3），原因就藏在“火伴皆惊忙”的那个“火”字里（这和“火”有什么关系？异常4）。

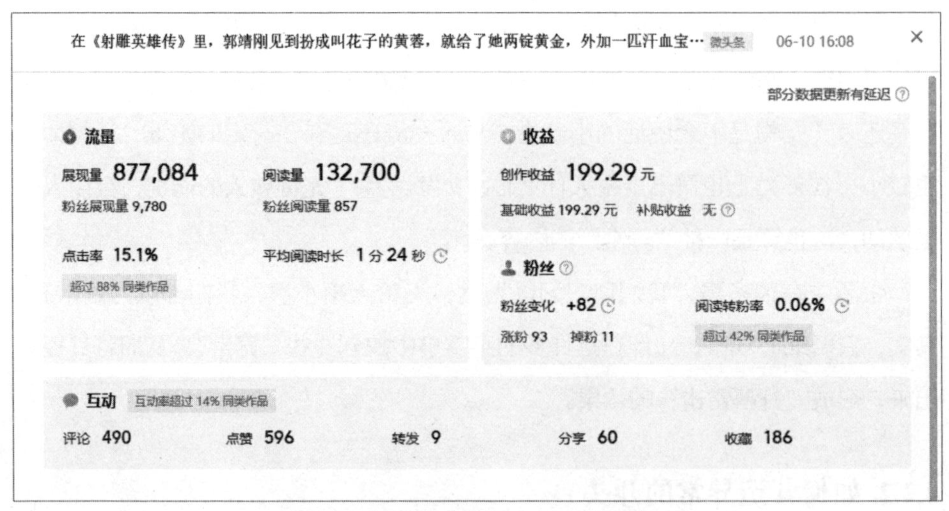

图 4-1 《射雕英雄传》微头条的详细数据

这篇有关《花木兰》微头条的点击率为 22.6%，超过了 98% 的同类作品。开头堆叠了 4 个异常元素，营造出了强烈的异常感。数据如图 4-2 所示。

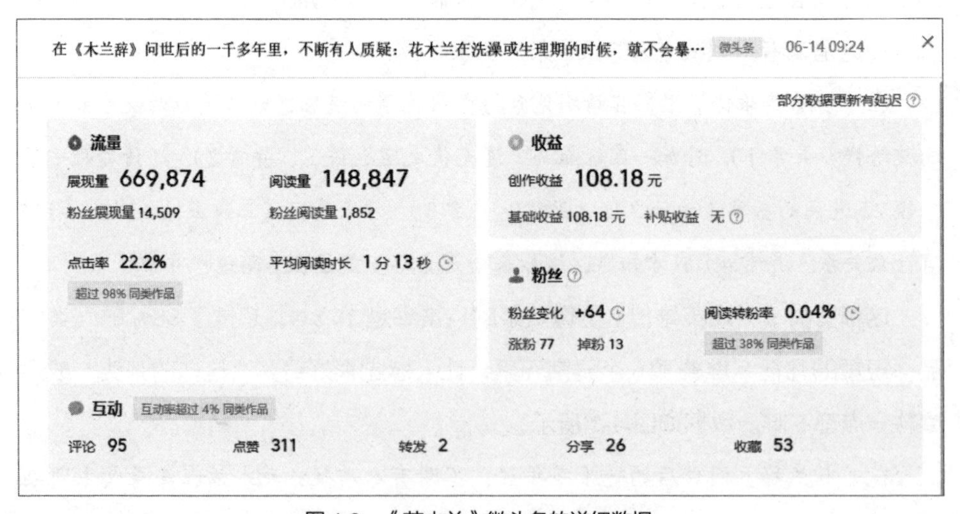

图 4-2 《花木兰》微头条的详细数据

在《红楼梦》里，妙玉请黛玉、宝钗吃茶时，沏茶的水是存了 5 年的梅花雪水，口味比普通的井水清冽很多（这玩意儿能喝吗？异常 1）。这里有两个尖锐的问题，第一是：哪怕这是一口好水，值得这么大费周章地存这么多年吗（异常 2）？

第二是：这水存了5年，它就不会变质吗？喝了它不会闹肚子吗（异常3）？多年以后，我终于在其他资料里寻找到了真相，感觉就是四个字：恍如隔世（到底是怎么个真相，快说啊，急死我了，异常4）。

这篇有关《红楼梦》的微头条的点击率为17.4%，超过了92%的同类作品。开头堆叠了4个异常元素，选题则是历代红学家津津乐道的“妙玉沏茶”。数据如图4-3所示。

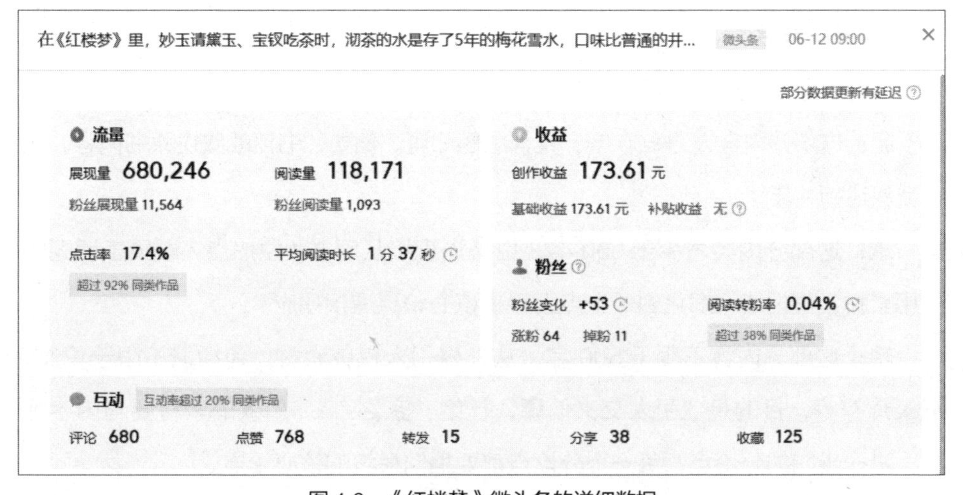

图4-3 《红楼梦》微头条的详细数据

有了“异常”的开头，又有了足够密集的信息，自然便会有理想的爆款。

4.3 文章的起承转合

古人写文时，讲究文章结构的起承转合。我们如今在写作的时候，仍然可以沿用这个结构，因为它符合我们的思维习惯。其中，“起”指开头，“承”指承接上文并加以申述，“转”指转折，“合”指结束。

4.3.1 起承转合的文章样式

笔者建立过一个包含起承转合结构的文章模板，并将其命名为“青云模板”。这个名字，来源于今日头条一个名叫“青云计划”的奖项（现已取消）。虽然“青云计划”现在已经没有了，但是这种长文体裁仍然很有用。在同等流量的加持之下，拥有起承转合式的文章在“沉淀粉丝”“铁粉养成”等方面仍然拥有更高的效率。

1. 模板格式

“青云模板”的格式大致如下。

起：这部分内容大约 500 字，直奔主题即可。例如，书评就叙述原书内容，热点就叙述相关新闻。

承：这部分内容不少于 500 字，也是先直接从原书 / 原热点 / 原灵感话题中引用素材，再把结论细化到一个点上，和核心论点遥相呼应。

转：这部分内容不少于 500 字，从外界引入权威素材，包括但不限于论文、纪录片等等，目的是“引入交叉信源，杜绝一家之言”。引入的素材要与内容呼应。进一步归纳分论点，每一个分论点都要指向最终的核心论点。

合：这部分内容也是大约 500 字，把前面的分论点整合到一起，归纳出核心论点。

在套用模板时，要注意各部分的字数要求，“起”和“合”这两个步骤的内容，建议 500 字左右的篇幅，不建议写得过长；“承”和“转”两个步骤，建议不少于 500 字，上不封顶。

“起”主要是解释话题，这个模块是必不可少的，但不是大家关注的重点。

“承”“转”两个步骤是我们用来大开脑洞的最佳场景，需要对要分析的话题进行深刻解读。如果只“转”一次觉得力度不够，还可以继续援引素材，多“转”几次后再“合”。

“合”侧重于归纳核心观点，文字必须干净利落，才能给读者留下更深的印象。如果这个模块超出了 500 字，那么节奏必然被拖慢。

2. 模板解析

一般来说，“起”“承”“合”这三个模块比较容易掌握。哪怕是从未学过写作的人，只要拥有基础的思考能力和表达能力，也能把这三个步骤完成得八九不离十。

真正的难点，在于“转”。多数作者没有援引素材的习惯。就算有这种习惯，也难免会在寻找素材的时候遇到困难，要么找来的素材与主题不符，要么找来的素材太过俗套，或者根本就找不到素材。

总有人问，寻找素材做交叉论证这一步是否可以省略呢？笔者的回答是不建议省略。基于个人的想法而得出的结论，终归是一家之言，如果能援引其他人的理论来支撑我们的核心论点，就会进一步增加这篇文章的说服力。

3. 如何寻找合适的素材

前面提到了援引素材的重要性，那么上哪儿找到合适的素材呢？

我们可能不会盲目相信自己的记忆力，而是采用最笨的方法——手动整理素材、心得和金句。譬如看完一本书后，笔者会建立两个文档（按照树形笔记法的理念，笔者用的软件是幕布），一个用来摘录金句，一个用来归纳想法，而且会及时植入关键词。

看纪录片、电影、公开课和论文时，整理素材的流程也是大同小异，即可以拍照或截图保存。哪怕出门旅行时看到了可以用来充当素材的展览品、告示牌、城市场景，也都可以把它拍下来，然后在电脑中分门别类地保存起来，以供需要时使用。

这是一个缓慢而持续的过程，但它带来的好处却显而易见。当我们积累的素材渐渐丰富时，就可以随时以检索关键词的方式找到自己最想要的东西。但要注意，我们在检索素材的时候，最好在全网同时检索，而不要只在素材库里检索。我们抓取素材的范围要足够大，这样才能有足够多的内容可供选取，创作的时候才会足够从容。

例如，如果需要一些沟通类的素材，可以去到豆瓣的读书区，按照“沟通”检索，然后找到了相应的图书（如《非暴力沟通》），然后带着书名，再从自己的树形笔记库里找到这本书，也就找到了相应的素材和金句。在这些素材的支援下，可以很快写完文章。如果没有这个步骤，在论证时就会缺乏有力的素材进行说明。

4.3.2 甩鞭回抽法

起承转合结构中四个模块里的“转”模块，是需要从外界引用素材的，所以它拥有近乎无限的发挥空间。如果想给读者营造高级感，必然要在这个模块里多下功夫。这也就是所谓的“甩鞭回抽法”。

有些时候，我们很羡慕“别人家的文章”。别人写的长文经常旁征博引，援引一些我们从未见过的典故，这些典故不仅非常契合语境，还能恰到好处地支撑文章的核心论点，从而达到让人拍案叫绝的效果。

那么，这些典故是不是真实存在的呢？在互联网时代，想验证真假是很简单的事。只要上网去查一查，就会发现那些素材居然都是存在的，然后我们就会特别佩服这些作者：同样是俩肩膀扛一个脑袋，为什么人家就知道这么多？

跟人家一比，自己的文章简直没法要。除了枯燥的说教，就是烂大街的素材——今天华盛顿怒砍樱桃树，明天青岛下水道挖出德国零件，后天黄鼠狼在悬崖下等着吃摔下来的鸡，这种文章从头到尾都很俗套。

为了抹平这个差距，我们需要引入“甩鞭回抽法”的概念。但在正式讲解该概念之前，我们有必要追溯一下“高级感”是怎么来的。

在大航海时代的欧洲，来自遥远东方的茶叶是无比珍贵的宝物。所以欧洲贵族在喝掉茶水之后，还会把茶叶残渣涂在面包片上，再抹上黄油和糖一起吃掉。假如中国的茶农听说了这些，估计他们能笑掉大牙。

同样是茶叶，在漂洋过海之后，身价便陡增了不知道多少倍。本来茶叶不是什么稀奇东西，但它被附加了探索和运输的成本，加上遥远距离带来的神秘感与新鲜感，无一例外地抬高了它的身价。所以，它才能在欧洲得到这么高的重视。

现在的外国人还会如此重视茶叶吗？肯定不会像从前那样了。现在是全球化的时代，运输成本早就降下来了，互联网也打消了它的神秘感。当茶叶逐渐成为司空见惯的事物后，被附加出来的高级感，自然也随之消失不见了。

中国人有一句古话，“外来的和尚好念经”。《圣经·马可福音》也有这么一句古话："大凡先知，在故乡无人尊敬，而在外地没有不被尊敬的。"这两句来自不同国度，意思却异曲同工。通常，那些距离遥远，且足够陌生的事物，往往拥有着与生俱来的高级感和神秘感。只要把这些元素融入内容里，高级感和神秘感便会油然而生。但如果它逐渐走入大众的视野，成为大众熟知的平常元素后，它的神秘感则会逐渐消失，高级感也会随之一同消亡。

折合到写作这个领域里，如果我们的文章援引了天然拥有"陌生感""距离感"的内容，这篇文章便会带有独特的"高级感"。我们将这个完整的动作，称为"甩鞭回抽法"，它分为"甩鞭"和"回抽"这两步。

所谓"甩鞭"，指的是我们在选用素材的时候，越是不常见但是辨证比较到位的素材，它带来的高级感就越强。相当于是我们把鞭子往外甩的时候，甩得越远越好。在完成甩鞭动作之后，一定要立刻回抽。这些相对陌生的素材，读者不一定能瞬间理解。我们要用接地气的话，立刻拉回我们的论点，从而让读者有一种恍然大悟的感觉。这个步骤就是"回抽"。

打个粗俗的比方，"甩鞭"的作用是先让读者感到疑惑，"回抽"的作用是再用辨证内容把他们唤醒，但要让他们记住"甩鞭"带来的感觉。这两步操作，足以让他们对此篇文章发自内心地认可。

4.3.3 新手写文的常见误区

笔者根据自己和学员的经验，总结了一些新手创作者在写文时常见的误区，主要有以下几种。

- 误区一：说教意味浓，缺少事例支撑。
- 误区二：没有核心论点。
- 误区三：句子太长，段落太长。
- 误区四：经常出现新人名、新名词。
- 误区五：引用没有根据的数字。

有些创作者写文章的时候，从头到尾都是个人的说教，很少援引有理有据的素材，这样是不好的。如果创作者不是业内的权威，没有素材的辨证会缺少说服力，这样写出来的内容会显得比较主观，通常不会引起读者的认可。

针对上述误区，有以下几点需要注意。

文章不能没有核心论点。你写下的核心论点可以低级，可以幼稚，可以缺乏深度，但必须要把观点明确表达出来。一个人提出观点的水平，取决于阅历与学识水平，这不是一蹴而就的事。其实你每一次尝试归纳观点，都是在给自己的归纳能力添砖加瓦，如果因为砖小而放弃加砖，那你恐怕永远只能拥有一堵矮墙，永远和参天高塔没有缘分。

文章的段落不要太长。最好每段只有几句话，每句话最好控制在 15 字内，这样读者阅读起来轻松一些，我们所写内容的流量也会更好些。

文章里如果突然冒出来个新人名、新名词。这很容易让人摸不着头脑。所以我们要养成一个习惯，那就是在初次提到人名或者新名词时，用几行文字介绍一下，读者在看到时也就不至于一头雾水了。

没有根据的数字不要引用。引用了没有根据的数字反而会影响文章的权威性。有时候，读者对数据的理解不够直观，可以在有效理论支撑下将数据换算成实物，这样更有画面感。比如，把“尼加拉瓜大瀑布倾泻时释放的能量”描述为“相当于每天燃烧 25 万吨煤”，就显得清楚多了。

4.4 争取打造成爆款文章

流量是自媒体维持生存的保证。如果写不出爆款文章，就很难获取足够的流量，也就很难获得收益。

4.4.1 打造爆款的好处

对于自负盈亏的自媒体写作者来说，流量就是我们的收益源泉。我们必须写出爆款，才能为我们自己的账号，注入源源不断的生命力。

在刚刚进行创作的时候，我们可以先在各个领域进行尝试。一旦在某个领域里集中出现了几次爆款，我们就可以在这个垂直的领域继续创作下去，并反复验证自己试出来的爆款经验，从而让自己的账号迅速崛起，最终达到流量和收益双丰收的目的。

爆款的种类有很多，比如，某类选题的流量特别好，或者你的评论区有某个人的高赞回复，再或者某篇内容的互动率要远高于其他内容，这些其实都是爆款选题的苗子。我们就可以把这些选题抽离出来，然后反复使用，并在短时间内获取大量的爆款。

除此之外，我们还需要面对一个事实：在自媒体创作的世界里，我们不可能像工作中一样每个月都能领到固定的薪水，也不可能每个月都能得到稳定的流量。热点与爆款内容带来的流量是一时的，漫长的流量低谷才是创作者的日常。多数人都能适应爆款的风口浪尖，但很少有人能适应流量低谷时的失落与打击。

在某种程度上，我们的爆款到底能得到多少流量，这个基本上都是平台说了算，但我们的核心价值却无法被平台所掌控。在这片小天地里，只有我们自己说了才算。所以，价值建设是值得我们长期去做的事。

我们所打造的爆款文章或许会被大家遗忘，但如果带来的价值能够深入人心，则会被很多人牢牢记住。哪怕平台限流，哪怕时过境迁，也会有人记着我们的名字，甚至还会用各种手段，来主动寻找我们的踪迹。

我们固然要重视平台的流量倾斜，但不要把这些当成写作的意义。那些打造出来的爆款只是一扇窗口，能让别人通过这扇窗口认识我们。至于别人究竟会认识到我们的什么价值，就和这扇窗口无关了。

爆款文章的热度也许只有一时，但它带来的价值却可以深入人心，能带来后续的读者关注。

4.4.2 热点是天然的流量池

虽然现在热点内容的流量已经远不如前几年，但如果热点追得恰当，照样可以借势涨一拨儿粉丝。下面，我们来简单介绍一下追热点的流程。

1. 了解热搜榜

我们提到的热搜榜是指微博热搜榜。它同步热点的速度要远远胜过知乎、百度、头条等平台。在追热点之前，我们需要在热搜榜上的各个热点中，及时分辨出“真热点”和“假热点”。

微博热搜榜上的置顶内容和带有蓝色“荐”字的内容，通常都是“假热点”。置顶内容往往是官媒发的通知，是人为制造的展示量，本身未必带有传播性。蓝色“荐”字的热点通常都是明星买来的热点，它们也不一定拥有传播性，所以也很难成为爆款。

带有“沸”或“热”之类标识的内容，往往流量不会太差。如果话题旁边有个深红色的“爆”字，那就是全民的话题。真正可供选择的热搜榜选题，往往就藏在这些热搜榜话题当中。

2. 如何把热点话题转化为选题

笔者不鼓励新手盲目蹭热点，因为新手的能力有待提高，很难给出强有力的论证和观点。笔者的建议是，新手在试验出合理的垂直领域（模糊的领域也可）之后，再以热点事件为流量入口，争取让自己的领域和内容实现破圈式传播。如果是纯粹为了练手的话，那么新手写热点文其实也无妨，这可以大幅度提高新手的写作能力。

那么问题来了，我们该如何把热点转化成选题呢？

把热点转化成选题其实也很简单。当我们坚持写了一些内容后，就可以回溯一下：自己的哪些内容是最受欢迎的？在这些受欢迎的内容里，又有哪些关键词是反复出现的？

然后，我们可以带着这些关键词去看热搜榜，看看有哪些热点话题能和它们挂上钩。那些符合关键词特征的热点话题就可以成为我们的选题。

注意，如果新手一开始就从追热点练起，那么他写文章的速度可能就会越来越快，但很难发展出清晰的领域。所以，我总是鼓励新手写书评，而不是一味地追热点。我们可以控制书评的选题和内容，并且可以在书籍中找到细分而垂直的领域。我社群的很多育儿博主、科普博主，甚至心理博主，都是通过这条路径崛起的。热点内容虽然是垂直作者的流量入口，但明天会发生什么热点，我们无法控制。因此，对于新手来说，一味地追求热点不算是一个很好的选择。

4.5 金句

每篇能传播的内容，通常都具有较高的话题性。想要写出一个有话题性的句子，对于拥有一定文字功底的人来说，倒也不是什么难事；如果想写出一段几百字且整篇又很有高级感的话，要比单写一个句子难很多；如果我们写一篇几千字的长文，也要追求高级感的话，就要让整篇内容都具有话题性，那这个难度又增加了很多。

在信息碎片化的时代，越是轻便而短小的网页内容，就越容易传播出去；而较为冗长的、沉重的内容则让人没有耐心看完，更难传播。而如果文章中有些句子比较经典，或是朗朗上口，或是观点独到，或是引人深思，则这个句子就可以算是金句。写金句往往能让读者发现我们的特色，从而记住我们，这也是我们练习写金句的意义。或许我们的整篇文章没有达到爆款，但其中的某个金句有可能会以截图的形式广为流传，也会形成“以句带篇，以篇带人”的宣传效果。或许我们的账号，就可以随着这个金句传下去了。

名人名言可以当成金句使，但不能总是使用别人的金句。如果总是使用别人的句子便失去了自己的特色，这样的文章多了也就显得乏味，而没什么意义，所以我们要学会自己写金句。

4.6 快速写出金句的四个方法

在自媒体领域，文章如果没有特点，就很容易被流量所淹没。因此要让自己的文章有特色，就要有一些比较经典的句子，也就是“金句”。要想写出金句主要有以下几种方法。

4.6.1 直接营销法

在自媒体中带广告是很常见的方式，因为这也是自媒体收入的一种形式，如果想要给自己的产品打广告，完全没必要遮遮掩掩的，直接大大方方做就是了。虽然有的广告很直接，容易引起别人的反感，而使人从当前页面滑走，但有的广告却能抓住别人的心理，引导人点开深入了解。其中，使用金句打广告这种方法，不太容易引起粉丝的反感。金句读起来会朗朗上口，在不知不觉之间，就会将我们的产品植入读者的意识里，最终将其转化为我们的粉丝，例如以下内容。

原句：××课，拥有社群服务的知识付费产品，本身拥有更高的价值，因为大家都渴望获得人脉连接。

优化：吃一顿饭的钱，在××课中不但可以获得××技能，还能收获人脉连接。

优化后的句子看上去也很普通，但细读却能发现××课只用很低的价格就能获得丰厚的价值。

原句：我在武汉授课的五天旅程中，一共有四天在打雷下雨。

优化：武汉授课五天下四天雨，这可能就是“开幕雷击”。

将授课期间的雷雨时间长来形容授课有“开幕雷击”的效果，会让读者好奇这会是什么课。

4.6.2 顶针续麻法

顶针续麻是指首尾相连、循环往复的一种文字游戏。

如果在写文章时写到半截，突然写不下去了，不妨使用顶针续麻法，让上一个断句的末尾，成为下一个断句的开头，内容就顺下来了。

原句：谣言止于智者。

优化：谣言止于智者，但智者也会翻车，所以不要总是盲信。

每个人有每个人的语言习惯，有的倾向于解读权威的，有的人喜欢独创。两者都可以，只要能将前言的句子续上，使整句话有“峰回路转”的感觉便可以算得上金句。所以，这里的第二个断句，虽然继承了前面的“智者”，但也毫不留情地把智者推下了神坛，形成了一种转折，从而得出了最终的论点：不要盲目相信任何人。

4.6.3 修辞阐述法

我们在上小学的时候就会学到比喻句的用法，在写金句的时候比喻的作用也非常重要。给普通的句子加上一个比喻，也可能就是妥妥的金句了。

原句：深圳是一座造富的城市，但每天也有很多失意者，从这座城市颓然离开。

优化：深圳可能是创富者的天堂，也是打工者的地狱。

如何用最短的篇幅，让大家看清暴富者和失意者的区别？用天堂和地狱这两个比喻会特别形象，它们拥有很强的画面感和对比效果，自然就能够轻松达成目标。

原句：×× 地方一到三月份就下雨，下的时间太久了。

优化：×× 地方三月份有场雨，一场是 15 天，一场是 16 天。

优化后的句子没有明说 ×× 地方一直在下雨，但优化后乍一看只有两场雨，仔细一想实际上是下了一整个月，这种方法虽然没有那么直接，却更深入人心，使人印象深刻。

4.6.4 一翻一抖法

相声有个技巧叫作“三翻四抖”，指的是做了足够多的铺垫之后，再把包袱干净利落地抖出来，从而达到全场爆笑的效果。但是金句的篇幅很短，根本来不及进行多次铺垫，只能第一个断句铺垫，第二个断句立刻抖开包袱，从而让读者感到巨大的落差，这样大概率会给读者留下深刻的印象。

原句：我们这一辈子，会错过很多机会。

优化：请不要因为错过而悔恨，因为未来错失良机的日子还长着呢。

后半句的内容非常出人意料。表面看起来很扎心，实则慨叹的是命运的无常，以及个人面对无常命运时的无力感。这会让人感同身受，从而记忆深刻。

原句：如果作者不和平台搞好关系，往往会在平台上举步维艰。

优化：平台没背景的作者分为两种，一种是“待宰的年猪”，另一种是桌上的“猪肉炖粉条”。

乍一看以为没背景的作者会有两种结局，一种坏一些，另一种会好一些。仔细一看才发现，原来一种结局是坏的，另一种则是更坏的，这也算是一种黑色幽默，会让人印象深刻。

第五章

流量的风险与收益

流量是一柄双刃剑，它可以帮助我们砍开铁幕，改变命运，也可能会伤及自身，甚至断送我们的创作生涯。所以我们在获取流量的同时，也必须规避流量带来的风险，后者甚至比前者更重要。

5.1 流量背后的数据

流量不是冷冰冰的数据，每一份真实阅读量数据的背后都有一个活生生的人。意识到这一点，我们就要开始学会敬畏流量。

某些娱乐平台的假流量和僵尸粉，不在我们本章内容的讨论之列。只有某些明星和某些机构才喜欢这种充门面的大数据，大部分人从中不会得到什么收益。然而这种充当门面的做法，近几年已经开始显露颓废趋势了。越来越多的明星都去直播带货，就是一个非常明显的风向标。如果这些假流量和僵尸粉能确保他们每个月都能赚到足额的广告收益，这些人又何必要亲自去直播间和普通人争夺市场呢？

因此，只有真实的流量才有价值，每个真粉丝的关注、点赞和留言，都意味着博主得到了一个真人的支持。甚至有相当一部分真人，会以付费的方式链接到博主，这种支持比普通的关注或点赞更珍贵，对博主也是一种有力的激励。

因此，我们要对真实的流量永远抱有敬畏的态度。如果账号是一座华丽的大厦，那么粉丝，就是这栋大厦的地基。如果有一部分粉丝悄无声息地流失了，大厦也就会岌岌可危，甚至会轰然崩塌。

5.1.1 流量是作者的生命

在流量的世界里，新手往往会得到更多的宽容。因为在这个时候，大家还没有对这个账号有太深的了解，受到的影响自然也是有限的。

当我们拥有了固定的垂直领域，并拥有了一定的名气之后，就要加倍小心了。如果因为追热点，或者因为其他原因而弄错了领域，账号将会受到极大的影响。轻则会有一群粉丝集体脱粉，重则会在某些平台遭遇“网络社死”，甚至还会遭遇“网暴”。在最严重的情况下，整个 IP 可能都要推倒重来。

前面讲到了如何分辨热点及选取热点，但没有详细讲解如何把热点转化为选题，最直接的原因是：热点文的风险过高，所以笔者并不鼓励新手作者们去乱蹭热点。另外，很多热点事件后续的舆论都会出现多次反转，在不了解真相的情况下，无论我们站在哪一队，给出什么样的观点，都有被后续舆论全盘推翻的风险。

所以，无论是写热点，还是写其他文种，都要注意不要给流量带来负面效应和风险。

5.1.2 封号的风险

身为一个自媒体创作者，要遵守网络秩序，绝不能涉及色情、血腥暴力、封建迷信、博彩赌博之类的违法行为。除此之外，在作品中，要多弘扬社会主义核心价值观，远离炫富拜金、“饭圈”崇拜、翻炒旧闻、进行网络暴力、制造网络舆论等负面内容，更不要挑战社会的公序良俗。

下面将列出几个禁区，以供读者参考。

- 违反法律：2018 年秋天，全网累计有 118 万个账号被封禁。这些被封禁的账号的内容涉及暴力、谣言等，触犯了法律。互联网并非法外之地，所以，每一个自媒体人都要守住底线，绝不能为了一时的流量而去冒账号被查封的风险。

- 价值观不正：牢记社会主义核心价值观，是我们运营账号的基本原则。一旦偏离了核心价值观，就会给粉丝起到不好的带头作用，因此而被整治也是无法避免的。
- 浪费粮食：2021 年，多个大胃王型美食博主遭到了所在平台的“点名批评”。究其背后的根本原因，则是这些账号的号主有“假吃播，真浪费”的行为。这种行为，会对粉丝产生不良诱导，带来极其恶劣的影响。这些账号先后遭到了平台的整治，情节相对轻微的账号被下架了内容，较为严重的账号则直接被封禁。

除了浪费粮食，其他浪费资源的行为也会给粉丝带来不好的影响，因此，这类主题都要避免。

- 违反平台规则：除了违反法律、价值观不正、浪费粮食等恶劣行为外，如果违背平台规则，也有被封号的风险。每个平台有每个平台的规则，因此，在创建账号时，要认真了解每个平台的规则。

5.2 怎样获取流量

我们在前面曾提到，流量是作者的生命。所以，自媒体创作者要通过各种手段为自己的账号获取流量，从而得到更高的收益。获取流量的方法主要包括以下几种。

5.2.1 写出爆款

我们在前面的内容中提到过，写出爆款文章不但会带来巨大的流量，还会促使我们写出更多的爆款，从而形成良性循环，带来更多的流量。如果想要写出爆款，我们不仅需要掌握写作技巧，还要掌握运营技巧。在确保自己的内容符合平台用户需求且又远离雷区的情况下，我们将会得到平台更多的流量扶持。

因此，在写作时，要朝着爆款文章的方向写。首先，要找好可能是爆款的话题；其次，内容要有“开幕雷击”的效果。

5.2.2 互推流量

一个账号能否拥有流量，与账号本身的爆款文数量有关，也和号主的人脉资源有关。如果号主拥有很多粉丝体量接近的朋友，大家隔三岔五地进行互推，那么，我们写作的内容将会得到更多曝光的机会，我们账号成长的速度也就会快很多。

在进行流量互推时，一般在微信公众号这样的平台，双方都使用长图文的方式进行互推，并将对方的二维码放在醒目的展示位。在微博这样的开放型社交平台，双方则一般采取转发短图文的形式进行互推，双方需要先各自发送短微博，然后互相转发对方的短微博，再于 24 小时之后同时删除转发文链接。这可以基本确保主页的清洁，同时又达到了互推转发的目的。而在视频与直播平台，则一般以直播连麦的形式进行互推（但这种平台与我们写作的关系不大，此处不作讨论）。

第六章

读书变现经历

俗话说，“书中自有黄金屋，书中自有颜如玉”。读书能让人开阔视野、增长见识、掌握技能，还能转化成收益。每个人都可以通过写书评、录制读书短视频、制作读书笔记等方式，让自己赚到一笔流量和收益。

在读书时，很多人可能走马观花地看一遍，只了解了个大概内容。而有的人则会认真详细地做好读书笔记，以备将来查看。还有人不但会认认真真地做好读书笔记，而且会将读后感和文中传递的价值进行输出。最后一种对做自媒体特别有帮助，在本章中，笔者将结合自己的经历，仔细梳理读书变现的几个必经阶段。

6.1 “被动写作”的阶段

创建自媒体之后，可以通过读书笔记来进行变现。在进行读书变现时，首先要有对书本内容的全面认识和深刻了解，才能写出完整的心得。所以，在写之前，首先要阅读。

这里将读书变现的第一阶段命名为“被动写作”。在这个阶段，我们还是新手，对一切都懵懵懂懂。世上这么多书，我们该从哪本入手，此时的作者们往往会心猿意马，不知做何选择。

如果实在不知道选什么书，可选一些世界名著或者最新流行读物。因为世界名著永远是经典读物，里面都会有引人深思的内容；最新流行的读物容易带来热点话题。选好书之后，就可以开始读了。因为我们是带着目的去读的，所以会比较被动。

对于喜欢读书和写作的人来说，这个过程虽然比较被动，但仍然是比较快乐的（风险约等于零，收益超过预期）。但快乐归快乐，我们必须在这个阶段认真积累知识，这是进阶到下一个阶段的基础筹码。

6.1.1 从影评到书评

新手作者普遍容易存在一种错误的想法：只要文章写得足够好，自然就会有很多人来看，也自然会有人为之付费。

这种想法存在两个错误。第一个错误是对运营的忽视，无论我们在哪个平台输出内容，都必须遵守该平台的运营规则，否则我们的内容根本就得不到曝光。如果别人看不见我们写的内容，那么写得再好又有什么用？第二个错误则是对文笔和思路的错误理解。我们自己认为的“好文章”和粉丝真正认可的“好文章”，往往是两码事。如果想通过写文章赚钱谋生，就必须要考虑粉丝的心理需求，不能完全按自己的想法进行输出。如果一味我行我素，粉丝可能会觉得这不是他们喜欢的类型，所以也不会有耐心去看完。

例如，笔者在刚创建豆瓣账号之初，还不太懂网文写作与运营，虽然在豆瓣写了大量的影评，约有上百篇，但粉丝只有一两百个。之所以数据这么少，就是因为前面提到的两个错误思路在作怪。很多人都知道，豆瓣书评区、影评区存在马太效应。尤其是经典的电影和名著，高赞的内容永远排在前面，新影评很难得到曝光的机会，这就为新手影评作者增加了运营的难度。

笔者在刚开始尝试写影评的时候，不仅不懂使用“异常”的标题来抢眼球，也写不出什么像样的核心论点。与其说那是影评，倒不如说是加长版的高考作文。

在这种情况下，这样的账号必然是无法得到流量的。

后来经过学习和研究，笔者意识到，在写作之外，需要通过一些其他的方法来增加内容的曝光。例如，某些电影在国内上映之前，如果能提前预览内容，抢先写出影评，就会得到较高的阅读量。

譬如莱昂纳多的《荒野猎人》在美国公开上映后，获取消息后，了解了大概内容，笔者连夜写出影评，第二天这篇影评居然得到了一百个“有用”（豆瓣的赞）。这个数据虽然并不是很理想，但对初尝试写作的人也算是一个鼓励了。

按照同样的思路做了几次之后，其他影评也获得了比较不错的效果，最后得出了结论：只要掌握了适宜的运营手段，让自己的文章进入持续曝光的流量池，曝光量就会成倍地增加。

写了一年影评后，笔者开始转战书评这个领域。在这个全新的圈子里，尚未找到更好的方法之前，只能在读完书之后，勉强找到一些话题来借题发挥，或者只能复述作者本人的理念。所以，整个写作过程，都很被动。在后来，笔者也研究了一下书评方面的写作与运营，要想获得流量的曝光，需要选好书。首先要保证书的内容质量，其次要考虑书的影响力，然后选一本质量好且能对其他人有帮助的书，提取书中的独特观点进行分析。

既然我们选择了自媒体，就要认真地输出内容，这样才能传递价值，获得流量和收益。

所以，在读书时，一定养成良好的读书习惯。首先，要了解图书大致内容。其次，要整理一些问题，带着这些问题进行深入阅读。然后，在读书时做好笔记，以作为输出的素材。这样读完一本基本也就能输出一篇读后感了。在逼迫自己写下一篇书评之后，其实已主动理解了书里的知识点，并且在看其他书时也会按照这个思路来归纳观点。在无形之间，一部分知识点会彻底融入我们的思维，从而成为我们思想的一部分，近似于一种“肌肉记忆”。之后漫长的读书和写作生涯中，这些“肌肉记忆”会不断帮我们去处理新的信息和知识点，从而在成长的过程中为我们反复效力。

6.1.2 赚了 20 万稿费的听书稿是什么样子

在 2018 年，笔者签约了有书、樊登、原醉、365 读书这四个大平台，在这一年仅靠写听书稿赚了 20 万元（税前）。

用 20 ~ 30 分钟的音频介绍一本书的精华内容，由此形成的文字稿就是听书稿，全文字数为 6000 ~ 9000 字。笔者当年在写听书稿的时候，稿费一般是 2000 元 / 篇。

通常来说，听书稿都有固定的格式，一般由以下几个模块构成。

- 开头：我们需要在这一部分带领听众认识这本书的基本信息和大概内容，包括书名和作者。
- 知识地图：进入正文之前，需要预告后面要讲的要点。在写作时我们可以提前梳理好知识框架，在后面的正文中可对打好的框架进行内容的填充，这些类似知识地图。
- 正文：我们需要将书里的内容精炼为三个核心观点，再把它们讲述给听众。每个观点都需采用“总—分—总”的框架，先概括内容，再细致阐述，最后进行总结。

三个核心观点是听书稿的主体，需要用恰当的话术来连接它们，比如“除了……还有……以及……另外……”等词语，都可用来在这些观点之间进行连接。这样逐层递进会给人连贯且有后续的感觉，不然听众的体验感就会大幅度下降。

- 总结：复盘前面分析的内容，但要重新进行概括归纳，以得到一个整体性的概括。

以上便是笔者写一套完整的听书稿的模板。虽然不一定适合每位读者，但它能给你带来一些启发。

自媒体的创作者在为其他平台写作时，往往会出现类似下面故事中的情况。古代有位国王，为了让天下人都知道自己喜欢千里马，不惜为购置千里马花费千金，连死去千里马的骨头，他都愿花上五百金来购买，这便是“千金买骨”的典故。这种行为的目的，是为了向大众展示一种真诚渴望千里马的姿态。当拥有千里马的商人听说这种“人傻钱多”的行为之后，自然便带着千里马纷纷前来了。

在一开始，哪怕是马骨商人也能轻松拿到五百金。在故事传开后，有无数千里马商人纷至沓来，并用手里的马匹换到了千金。到了项目的后期，千里马基本上够用了，预算也快要花完了，但慕名而来的千里马商人仍然非常多。国王想要精打细算地花预算，还要维护国王“君无戏言”的人设，便为最后的千里马商人定下各种各样的规矩：马的毛色要统一，马的身高要统一，马要统一钉上“王宫牌”蹄铁，配上“王宫牌”马鞍来参与面试。而且马踏入宫门后，必须按照规定的步数走完规定的路程。不得多走一步，不得少走一步，否则立刻逐出宫门。就这样，很多千里马商人不仅没领到千金，反而赔了一份马鞍钱和蹄铁钱。

笔者在刚开始写听书稿时，听书稿的资源非常多，但作者很稀缺。只要你敢尝试，收益自然少不了你的一份（用马骨换五百金）。但现在会写听书稿的作者越来越多（千里马商人纷至沓来），需要听书稿的平台越来越少（国王的预算越花越少），平台的稿费也压得越来越低，要求于是越来越高（国王定下各种各样规矩）。所以，这时，写听书稿就会显得非常被动。笔者在写听书稿时，也是根据平台之前的一种计划来完成的。因为要遵循平台的规则和计划的要求，所以就会带着一种任务心态去完成，整个写作过程就会显得很被动。所以，笔者将那个时代，命名为“被动写作”的阶段。在那个阶段里，可能很多创作者不懂什么是个人品牌，也不懂任何运营技巧，只知道被书稿和稿费牵着鼻子走，完全被动地接受安排和供养。但当平台不再征集听书稿之后，很多作者便会因此陷入了焦虑，所以，我们要变“被动写作”为“主动写作”来主动寻求出路。

6.2 “主动写作”阶段

在几经辗转后，笔者来到了今日头条的平台，并从这个平台发现了一个名叫“青云计划”的新奖项。这个奖项始于 2018 年，主要针对观点清晰、结构明确的长文进行奖励，每篇的奖金是 300 元。

在它刚刚问世的时候，只要文章大致符合起承转合的格式，基本上就能够得到奖励。如果用书评去参加“青云计划”的角逐，那得奖的概率将会是非常高的。

对于我们这些熟练书评的作者来说，无疑是一个极好的机会。

当笔者开始入场的时候，奖励的机制比之前又提升了一个档次。每个月的首篇青云奖金，被提高到了1000元，其余的奖励则是每篇300元。笔者以写了大半年听书稿的功底，轻松拿下了十几篇的青云奖金。笔者在掌握了写作经验之后，重开了“朝闻道”写作社群的第二季。

在这个阶段，我们开始在今日头条这个平台上重点建设自己的自媒体账号。每个人的自媒体账号，都是个人影响力的延伸，而且不再受限于平台的种种要求，作者在创作时会相对自由些。如果个人账号运营得当，就算是不再投稿，也能通过这个账号为自己赚到长尾收益，其金额并不在普通稿费的待遇水平之下。

在自媒体的写作中书评仍然是个好的写作类别。我们可以尝试在书里延伸出独立的选题，并且努力推导出一个全新的观点。久而久之，我们就会形成自己的文章格式和特点。我们可以随便选择自己想写的书籍，我们可以自命题而不用听从计划安排，不用被平台的计划牵着鼻子走。

在这个阶段，我们不再完全被书稿范围和平台计划牵着鼻子走，也就实现了相对自由，我们可以根据自己的需求或兴趣，来写自己喜欢或擅长的文章，而对于自己喜欢的事情，我们做起来往往会很有耐心和热情，也会主动去做。这个阶段，我们称为“主动写作”阶段。虽然我们写出的选题内容，仍然与这些书高度相关，但我们已经不再是只会发书评的工具人，而是拥有相对独立IP的读书类作者了。

6.3 传递价值阶段

既然自媒体作者坐拥万千粉丝的关注，那么也就拥有着远高于普通人的影响力。从这时开始，我们的一言一行、一举一动，都会被流量无限放大。因此，我们在追求商业变现之外，还需要考虑的一件重要大事，就是传递社会价值。

在近三年的创作生涯中，笔者所带的社群的写作者们，确实担负起了自己的社会责任，也会在未来的岁月中，传递出近乎无限的正能量。

6.3.1 稳定社会秩序

在自媒体领域中，创作者的影响力呈网状散开，在网络中拥有着举足轻重的作用。有时候我们的一言一行，都会影响整个社会的舆论。因此，我们在推送每一条作品之前，要做到三思而后行，以确认自己的行为没有为社会带来不良影响。

例如，近几年新冠肺炎疫情在各地陆续暴发，这种突发性的社会事件，本就容易带来广泛的焦虑和恐慌情绪。在这个阶段，自媒体作者绝不应该推波助澜，而是应当以相对冷静、客观的态度，来重新审视事件本身，再为读者输出相对客观的答案。

虽然这种写作的思路，未必能得到更多的流量，但我们的创作行为，可以起到安抚社会情绪的作用，总体来说还是积极而正面的。

在 2020 年，新冠肺炎疫情刚刚暴发的那几个月里，全国人民都陷入了恐慌。笔者的很多社群学员都居住在武汉，他们都是当前疫情的亲历者。身为自媒体写作者，他们并未传递亲历的恐慌、绝望与悲伤，而是将更多的正能量传递给读者。

笔者社群的伙伴“豆皮妈妈”是第一批新冠病毒核酸检测阳性的 15 名医护人员之一的家人。丈夫被隔离在了医院，孩子则被放在了父母家。

另一个伙伴“伊兰微微”，则被这场突如其来的疫情困在了闺密开的酒店里。不久，这家酒店被征用为专用隔离酒店，还住进了很多来自四面八方的医护人员。为了分担闺密的工作压力，“伊兰微微”主动担任清洁工，成为这些医护人员的坚强后盾。

社群中的这两位群友，都拥有较强的写作功底。“豆皮妈妈”每天会在微博上不间断地更新自己的生活状态，字里行间都是希望与乐观。而“伊兰微微”，则在自己的公众号上坚持更新工作日常，以冷静的态度审视着这份“意外的工作经历”。

这些身在一线、直面病毒的人，用他们的文字，为很多读者消除了恐惧。这种行为无疑有着积极的意义，这也是写作者所担负起的社会责任。

6.3.2 传递有效信息

在全面建设数字中国、数字社会的时代，信息传递的手段显得尤为重要。优质而高效的信息传递方式，可以节省很多时间，从而能让大家以更高的热情，投入工作和生活。

想要达成这个美好的目标，我们面临的阻力也是很大的。总体来说，信息时代的信息是过剩的，多数信息都是滞后的、重复的，或是缺乏价值的。这样的信息不仅会占据大量的公共资源，甚至会造成严重的人力、物力浪费，造成难以挽回的损失。

这些无效的信息，有些来自例行公事的媒体机构，有些来自为博取眼球且不计后果的自媒体，有些则来自缺乏运营经验的普通人。当下的网民基数较为庞大，他们很容易被这些真假难辨的消息牵着鼻子走，从而导致负面消息大范围扩散，最终造成严重的后果。

身为自媒体创作者，我们每个人都可以尽自己的努力，将更多虚假的、重复的、歪曲的信息从源头上堵住。虽然客观而公正的事实所带来的流量远不如谣言的流量大，但这项工作拥有正面的社会意义，所以仍然是一件值得去做的事情。

例如，在 2021 年夏天，郑州暴发水灾，全网都在转发与水灾相关的求助信息。在与笔者社群中一个老学员的对接下，笔者的账号成了一个临时的“救灾信息中转站”，一边可以对接救援队，另一边则可充当受灾人员的求生入口，这也是账号流量带来的正面作用。

这项工作说起来容易，但做起来可就太难了。在灾难时期，真假难辨的求援信息在全网泛滥，最终直接导致的结果便是有求救需求的人没有流量，已获得救助的人的信息得到十万转发，这将会消耗救援队的宝贵时间，也会失去人们的信任。

一个合格的“信息中转站”，则需要确保提供给救援方的每一条信息，都是货真价实的有用消息。为了达到这个目标，我们除了发动信息提供者追根溯源之外，还通过共享文档检索等方式，过滤掉了大量无用的、重复的信息，大大提高了信息传递的效率。

以上的工作较为纷繁复杂，但笔者依靠多年的写作经验，也曾长期使用线上文档来组织各种活动，处理起这类工作相对来说就会游刃有余。在自媒体中，我们在传递信息时一定要进行辨别是不是有效信息，这样才能帮到更多人。

6.3.3 传递正能量

作为信息时代的新生力量，自媒体作者群体的地位是举足轻重的。而各大自媒体平台，则早已成为传递社会正能量的主战场，也成了凝聚社会共识、帮助有困难的人的新舞台。那些主动传递正能量的自媒体人，以大量充满真情实感的优质内容，为社会各界人士带来了奋勇前进的无限动力。

在自媒体写作时，正能量的内容也会包罗万象。我们身为偏文化型、职场型的写作社群，在发送正能量类内容的时候，也是有所侧重的。那些能促进经济发展、文化传播的正能量内容，相对来说比较受我们社群的伙伴青睐。体现到具体的内容上，则往往与非物质文化遗产、乡村振兴等活动息息相关。

例如，笔者的社群在 2021 年，就曾多次组织过助农类宣传活动。无论是应季果蔬，还是鲜花产品，都曾被我们纳入过重点宣传的范围。这些产品主要会在一些视频平台（含直播间）完成销售，而社群机构则会发文造势，从而与转化行动完成配合。在传承、发展、提升农耕文明，走向乡村文化兴盛的道路上，我们这些自媒体人通过这些实际的行动，做出了自己应有的贡献。

在流量的战场上，自媒体作者的影响力，总体来说是不如官媒的。但我们在传递正能量的过程中，往往可以从普通人的角度灵活发声，所受到的内容限制相对较少，所以反而有可能得到更多的流量，从而形成更大规模的爆款。不但能为自己带来流量，同时也传递了正能量，可谓双赢。这便是自媒体作者传递正能量的真实优势。

6.4 读书博主变现的方式

读完一本书之后，我们写的内容到底能发到哪些平台，又能给自己赚取多少收益呢？接下来我们按照平台来进行盘点，讲到某一个 / 一类平台的时候，就以读书后输出的内容为例，把各个平台可发的所有体裁都盘点一遍。

碍于篇幅所限，本章不讲任何创作技巧，只盘点读书笔记具体的分发方式。

6.4.1 自用读书笔记素材库

万丈高楼的建设也要从地基开始打起来，写作也一样，常常会用到很多素材作为“地基”，因此，平常要做读书笔记，除了前面提到的幕布工具，还有一种工具，叫作 flomo 笔记，它是一种电子版的卡片笔记。在使用的时候，可以把它升级成为素材库，并且把知乎、微信等平台的收藏夹内容，都搬到了这个地方，目的是方便检索，如图 6-1 所示。

无论用哪种软件做笔记，都是为了给自己储存素材，所以原则只有一个：最方便的就是最好的。

图 6-1　flomo 笔记电脑端预览

虽然做读书笔记无法直接变现，但它可以帮助我们打好基础，方便我们在写文章时整理思路，或快速提取素材，赚取收益。

6.4.2 豆瓣

豆瓣是最老牌的读书平台，常用的体裁主要有以下几个方面。

- 短评：是对某本书的简单评论，体裁短小，用手机和电脑发文都方便。
- 长评：是对某本书的长篇幅评论，需要是长文，用电脑发文更方便。
- 笔记：记录某本书中的内容或想法，体裁短小，用电脑发文更方便。

其实，豆瓣有流量的地方，不在于书评区，而在于豆瓣广播和豆瓣日记。

对于这块内容，要挂上有流量的话题，才能蹭上话题背后的流量。那我们可以直接进入主页，在“热门话题”下面找相关话题，如图 6-2 所示。

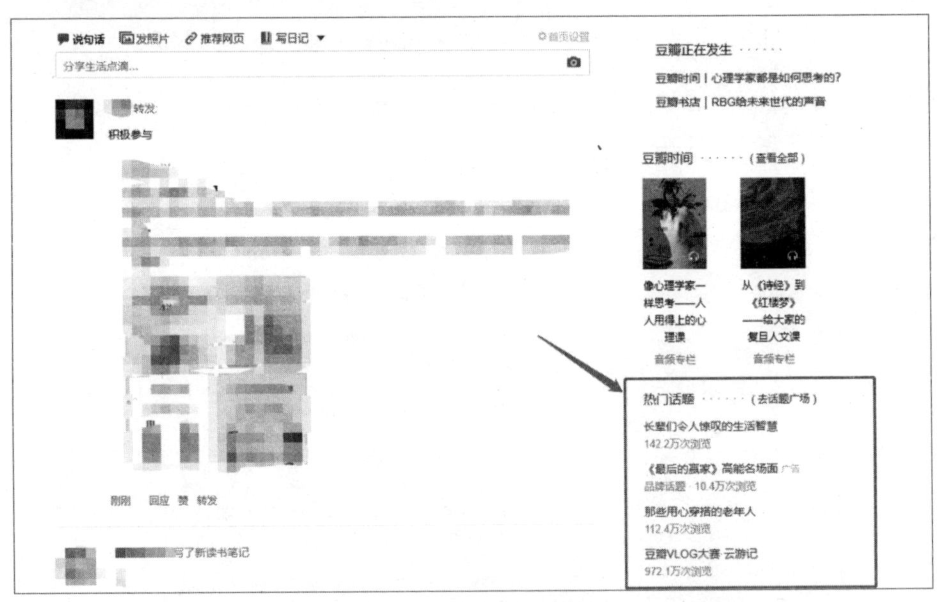

图 6-2　豆瓣首页示意图

在单击某个话题之后，就会进入一个这样的界面，如图 6-3 所示。

单击“说点什么”按钮，可以发表自己的想法和观点，这是纯文字的豆瓣广播。

单击“发图片”按钮，既可以发表图片，也可以发表文字，可以视为图文并茂的豆瓣广播。

单击“写日记”按钮，发表的是长文，和书评要求近似。

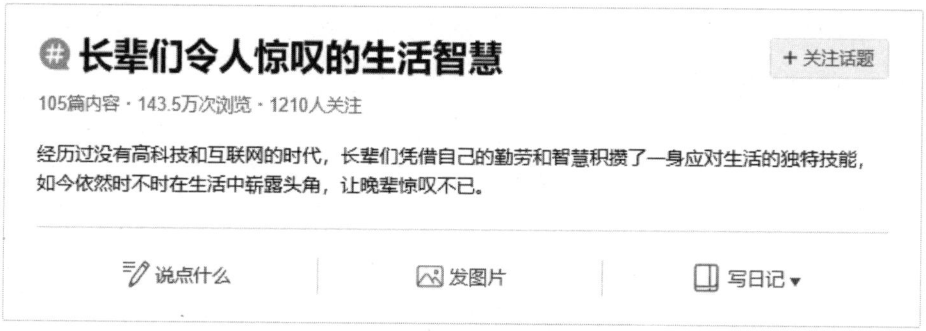

长辈们令人惊叹的生活智慧

+ 关注话题

105篇内容 · 143.5万次浏览 · 1210人关注

经历过没有高科技和互联网的时代，长辈们凭借自己的勤劳和智慧积攒了一身应对生活的独特技能，如今依然时不时在生活中崭露头角，让晚辈惊叹不已。

说点什么 发图片 写日记

图 6-3　豆瓣话题界面示意图

豆瓣常规的玩法主要是这几点，大家按需选取玩法即可。因为它和图书的联系最为紧密，所以要尽快熟悉这个平台的生态。

豆瓣的变现方式相对小众且单一，一般以接付费书评、付费影评为主，其单价与粉丝数息息相关。豆瓣账号的粉丝量越高，就越有机会接到写书评和读书笔记的推广邀约。

6.4.3 今日头条

在今日头条中，常用的体裁包括微头条、长文、问答这几种形式。

- 微头条：就是简单的信息，体裁短小，用电脑和手机进行编辑和发布都很方便。
- 问答：对问题的答复，篇幅较长，编辑发布时，电脑比手机更方便。
- 长文：一般是故事、新闻等，篇幅较长，编辑发布时，电脑比手机更方便。

在电脑网页端登录“头条号”之后，在左侧菜单选择相对应的功能即可，如图 6-4 所示。

除了图 6-4 中框中的三个功能之外，还有视频、PLOG 和音频。

在笔者所接触过的众多平台里，今日头条是收益最高的一个平台，单篇文章的变现可达几千。

在今日头条中除了写内容，也可以长文带货，即通过文章的内容可以对某些产品添加链接，从而转化成收益。

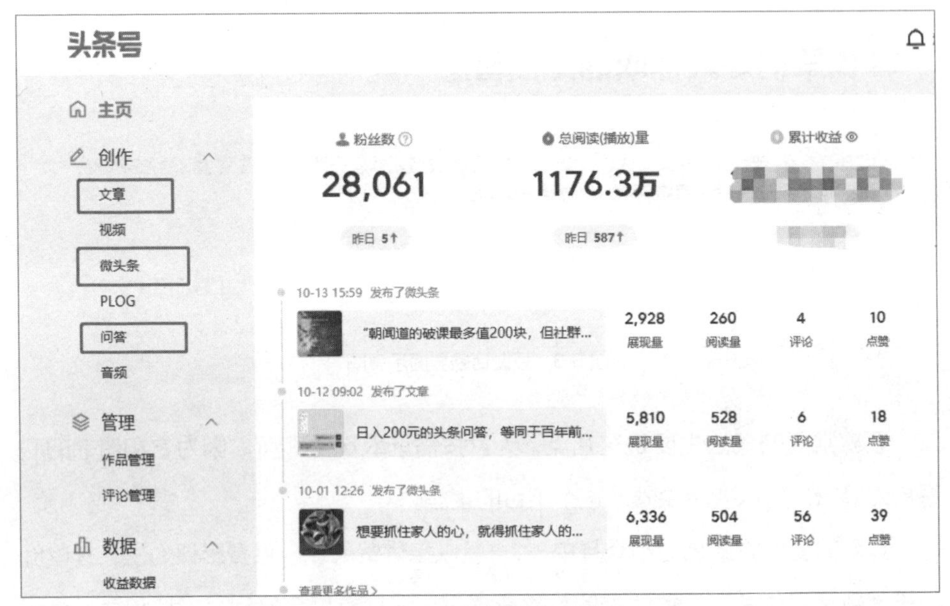

图 6-4　头条号后台界面示意图

6.4.4 小红书

小红书的主流输出方式为视频和笔记，如图 6-5 所示。

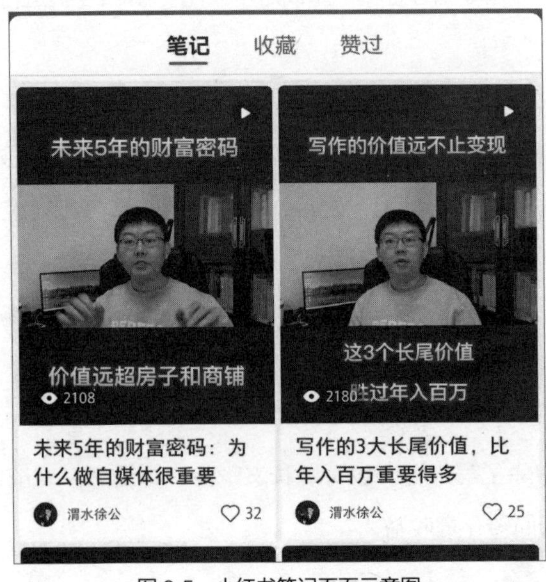

图 6-5　小红书笔记页面示意图

小红书的笔记分为视频笔记和图文笔记，在创作时，一定重视好视频笔记的封面和图文笔记的首图，它们将直接决定我们的内容流量。

如果做的是视频笔记，可以分发到其他视频类平台；如果做的是图文笔记，可以同步到今日头条的 PLOG 上。

小红书的唯一变现方式就是接广告，所以，首先要有优质的内容，才可能有商家会联系我们。

6.4.5 其余图文类分发平台

除了前面提到的几个大平台，读书变现的平台还包括微信公众号、百家号、大鱼号、网易号等一系列的平台。在这些平台里，微信公众号的地位最高，一定要认真运营起来，其余的平台就半斤八两了，差不多无脑分发就行了。

微信公众号在没有粉丝的情况下，也可以写出爆款文章。例如，笔者以前并不重视微信公众号，但后来社群的成员原本没有什么粉丝，居然写出了两篇爆款文章，阅读量达到 30 万 +。可见，微信公众号也容易带来流量，需要重视。

微信公众号在后台的发文入口如图 6-6 所示，单击“图文消息”按钮即可进行创作。

对于其他平台的发文入口，不再一一详细介绍，如果对某个平台感兴趣，可以在平台的“帮助”中进行了解。

这些平台分发的方式很简单，直接把长文同步到这些平台即可。但微信公众之外的那些平台，打造 IP 品牌的效果不明显，因为很多功能都跟不上，所以仅仅对这些平台进行分发即可，每个月到日子提现一次就好了。

微信公众号的变现方式非常齐全，包括产品转化、广告接单等诸多方式，所以这也是最值得去认真运营的平台。至于其他平台的各个账号，一般只能赚取到流量收益，所以无须投入太多精力去运营，只需同步分发文章即可。

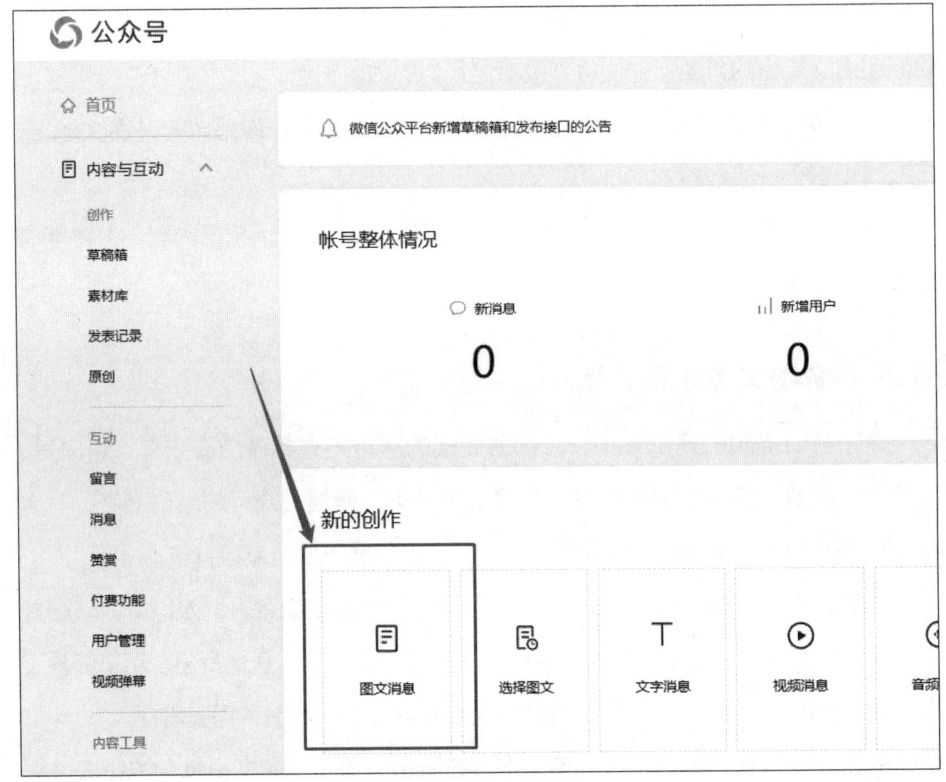

图 6-6　微信公众号后台示意图

6.4.6 老牌文字型自媒体平台

老牌的文字型自媒体平台包括微博、知乎之类的地方，本节只讲这几个平台的分发方式。

对于写好的文章在前面所讲的平台上发表时，长文可以无缝地发到这几个平台，它们都有收纳长文的入口，而且非常好找，电脑端最方便；微头条的内容可以同步发到微博，或者发到知乎想法里；今日头条的问答可以直接发到知乎的同款问题下。

另外，这些平台也都是可以做 IP 的。

最新版的微博网页端入口如图 6-7 所示，单击“长文”按钮，即可发表长文。

图 6-7　微博发文入口示意图

知乎的界面如图 6-8 所示，在左侧菜单栏选择相应的功能，即可进行内容的输出。

这些平台传统方式的变现是通过接广告来实现的，然而现在知乎增加了很多新的变现方式，在后面将会进行详细讲解。

图 6-8　知乎发文入口示意图

第七章

运营总纲：先学会换位思考

创建自媒体，提高自己的写作水平固然重要，但熟悉每个平台的运营规则也很重要。我们分配给任何一个平台的精力，通常都应该是创作三成、运营七成。这七成的精力，都要花在“让更多人看见我们的作品”这件事上。

我们做运营的大前提，需要先从树立正确的价值观开始，绝不能为了流量和收益而失去底线。这是运营全平台账号的基础，也是每一个作者应尽的基本义务。如果做不到这一点，哪怕运营做得再优秀，粉丝再多，收益再高，也有可能会被封号，从而让之前的全部努力付诸东流。

虽然各个平台的具体运营技巧不一样，但总体的运营方针是恒定的，那就是充分展示自己的价值，并以此吸引对这种价值有需求的粉丝。其中有一部分粉丝，会用金钱向我们购买更多的价值，这便是我们吸粉变现的完整流程。

与此同时，我们也要注意各个平台的雷区。如果不小心触碰了雷区，我们的账号轻则会被限流，从而导致内容的推荐量被降低，重则甚至可能会被封号。反之，如果我们的内容与平台的需求高度重合，甚至契合了整个时代的大背景，我们的内容就将得到前所未有的流量。

自媒体运营的核心秘诀，便是“换位思考”，这也是本章的核心主题。当我们站在粉丝的视角，或者以平台运营人员的视角来审视账号时，一切问题都将变得无比清晰。

7.1 作者与平台的关系

对于我们这些普通创作者来说，自行搭建独立平台（包括手机 APP、小程序等）的运营成本是非常高的，大多数人是无法承受的。而且搭建独立平台只是开始，后期还得给自己的独立平台引流，并且让更多的人养成使用它的习惯，这个过程就更麻烦了。所以我们最好的选择，终归还是挂靠在其他的平台生存，也就是在知乎、微博、今日头条、小红书、微信公众号等平台注册账号。这是普通作者性价比最高的选择。

我们需要通过这些平台完成涨粉变现的目标，平台也需要我们产出优质的内容，从而留住更多用户。所以作者与平台之间，本质上是互利共生的关系。身为内容的生产者，我们需要认真对待内容的消费者（粉丝）、流量的提供者（运营），以及账号命运的决定者（平台本身），并且从中为自己找到一个平衡点。

7.1.1 如何维护与平台的关系

运营自媒体账号的本质，就是以互联网平台为媒介，通过我们写的内容，与更多的人建立关系。在互联网的平台上，哪怕是没有背景的新人，也可以靠自己的努力和拼搏，在互联网的世界里为自己打下一片新天地。这也是我们运营自媒体账号的意义。

我们在运营自媒体账号的时候，需要与平台建立相对稳定的关系，这需要我们配合平台的内容需求和运营人员的工作。除此之外，我们需要针对粉丝的需求做出适当让步，从而得到粉丝的信任与付费支持。在这之外，我们需要守住自己的底线，不能做任何出格的事情。以上这三条，都是我们运营的基本规则。

1. 遵循平台机制

在我们刚刚进入一个平台的时候，我们需要做的第一件事，就是了解这个平台的运营机制。然后观察这个平台到底需要哪些内容，到底是需要长图文，或是短图文，还是问答？此外，我们还需要分析这个平台的流量，都分发到了哪类内容上了。再然后，我们只需对症下药，输出平台最欢迎的内容类别就够了。

我们在运营账号的时候，除了低头拉车之外，一定要多抬头看路。落实到操作层面上，那就是要尽量设法和平台的工作人员保持联系。当我们运营一个平台账号的时候，有可能会收到一些官方的私信邀请，我们可以从中获取一些官方运营人员的联系方式，可以与其多互动，以获取支持。除此之外，账号后台的创作者中心里，也经常会有官方的活动列表。有些时候，我们就能通过这些活动加到官方运营的微信。当我们配合官方运营来产出内容后，就有望得到官方运营的流量扶持，有些时候甚至还能得到现金奖励。

对于拥有固定产品的人来说，流量的扶持比现金的奖励更有用，因为平台也恰好需要这类内容。在有些情况下，这种需求甚至会被指定为运营的 KPI。如果我们的目标恰好能够和平台的目标一致，甚至能和运营的个人 KPI 捆绑在一起，借助平台和运营的力量顺势而为，绝对比自己埋头单干要容易得多。

2. 让步粉丝

除了和运营维持好关系之外，也要以让步的方式与粉丝维持好关系。与粉丝维持好关系的手段之一，便是及时回复他们在评论区的留言，让他们知道“博主真的重视了我的意见”。

如果是付费的粉丝，还可以建个微信群维护起来，满足他们个人的需求。但是一定要注意，在对粉丝建群时要先确认好是不是付费成员，如果付费成员群中混进来一些动机不纯的人，然后把这个群的聊天记录截图传播出去，之后的事情就难以控制了。这便是我们对免费粉丝和付费粉丝区别对待的原因。

在对粉丝进行建群维护的时候，还可以进行梯度对待。例如，笔者会把朝闻道写作社群的学员单独拉出来建一个交流群进行高频互动，并将全部变现资源分享给他们；也会给大课的学员建个群，但是互动会少些。

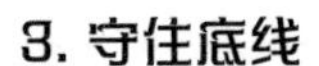

3. 守住底线

虽然，我们要与运营、粉丝维护好关系，但我们对粉丝的让步是要有底线的。哪怕面对付费最多的粉丝，我们也要遵守法律，不能做出违法乱纪的事情。通常来说，平台的审核标准都很严格，我们在公开平台也不易出事。但到了微信这边，往往会有很多博主经不住利益的诱惑，从而让自己陷入了万劫不复的境地。这也是我们应当避免的首要危机。

7.1.2 不要轻信任何 MCN 机构

MCN 的全称是 Multi-Channel Network，通常泛指孵化网红的机构，它与早年间孵化明星艺人的经纪公司非常相似。这些公司会找到一些不太知名的小博主，或者找到零基础的创作者签约，然后双方分工运营账号，共同产出内容，最后大家再共分利润。

新手刚刚开始做自媒体的时候，要牢记一件事，那就是千万不要轻信任何 MCN 机构的甜言蜜语。如果仅仅是在今日头条上，莫名其妙受邀加入了某个 MCN，那情况倒是还没那么严重，只要申请退出，基本上都能放人。如果有实在不愿放人的机构，在后台找客服举报一下也能搞定。如果有 MCN 要求你签署纸质的合同，就一定要多多留神，千万要把合同弄清楚，不然被坑的永远是自己。

如果 MCN 机构能像最初的宣传一样，双方合理协作，互利共生，然后按照合理的比例分配利润，这倒也还好。问题则在于，很多 MCN 在签约博主之后，无论是物质上，还是工作上，既没有给博主进行支援或者分担，也没有给过任何有用的建议和指导，只是妄想在账号做起来之后，便把对方的 IP 据为己有。我们要预防的，便是这种动机不纯的 MCN（这种现象其实非常多，不能抱有侥幸心理）。

例如，不久前某个知名国风美食博主，与账号所在 MCN 公司发生矛盾，也是因为被这种 MCN 机构所利用。单单凭这个头号 IP，MCN 公司每年能得到几十亿的收入。至于博主本人，虽然是这个 IP 的主要内容生产者，但她本人只能以员工的身份，获得极少的一部分待遇而已。正因如此，博主本人与 MCN 开始了拉锯战般的官司，即浪费时间精力，又浪费感情。

针对我们这些无名小博主的算计，更是多如牛毛。所以，无论是大博主还是小博主，如果遇到MCN，一定要理性对待，如果遇到动机不纯的，将会很难逃过MCN的算计。所以我们不要拿自己的前途开玩笑，最好还是把主动权握在自己手里，千万不要盲目相信一些包装机构。

因此，无论前期有多么艰难，也务必要自己把写作、拍摄、剪辑、发布、运营这些事情独立搞定。我们必须先把自己活成一个团队，并且熟悉整个流程之后，才能够在未来寻求扩大。对于一些流水化、程序化的操作，或许我们可以交付给团队里的助手，但内容生产的核心，我们必须要紧紧握在自己手里。不要盲信天上掉下的馅饼，那大概率是一个巨大的陷阱。

7.2 如何通过平台创造价值

我们把账号寄存在平台身上，依靠平台分给我们的流量得以生存。如果我们以寄生虫的身份，一味汲取平台的收益和流量，却不肯给平台价值回报的话，迟早会被平台清理掉。互利共生的最佳方式，则是成为平台闪亮的装饰品，从而让平台心甘情愿地把展示量交付给我们。能做到这个水准的博主，才算是真正与平台实现了互利共生。

这个互利共生的良性发展状态，就是我们每个博主奋斗的最终目标。

7.2.1 以价值换收益

以价值换收益包括两个方面。一方面，我们要把自己的核心价值展示给自己的粉丝，从而实现圈粉变现的完整流程。另一方面，我们也要向平台展示自己的价值，从而让平台把更多的流量倾注在我们身上。

至于该如何把核心价值展示给粉丝，我们只需遵循一个简单的原则：无论是写长内容还是写短内容，最后一定要落脚到一个核心论点上。因此，我们需要思考写下的这个核心论点，是否比别人的水平层次更高，或者是否有一些独一无二

的见解。

我们在自媒体账号所写下的内容，通常属于“标准答案”的补充内容。在这片全新的世界里，那些脑洞大开、惊世骇俗的观点，远比四平八稳的标准答案更受追捧。读者阅读我们内容的过程是一种交流，本质是我们与粉丝进行价值交换。粉丝带着需求来关注了我们，我们则向他们展示了自己的价值，也就是解决这个问题的能力。到了后期，粉丝可能就会付费请我们去帮助他们解决问题，在这个过程中，粉丝的问题得到了妥善的解决，我们的个人能力也完成了变现，大家各取所需，这便是最健康的自媒体变现方式。

说完了我们与粉丝的价值交换，再谈谈作者与平台的价值交换，如果平台需要某个类型的内容，而我们恰好又能输出这个类型的内容，并且我们的内容又足够优质（优质评判标准：能把粉丝牢牢地黏在平台上），平台自然就会给我们一些流量上的扶持。平台与创作者之间比较初级的合作方法，就是各个平台后台的有奖活动了。有些平台是直接给现金奖励，有些平台给参与活动的创作者奖励积分，有些平台则是直接给创作者奖励流量，各平台的情况都不一样。

笔者在今日头条平台参加的活动，通常以领取平台的现金奖励为主；在百家号平台参加的活动，一般以奖励积分为主，后期可以拿积分兑换京东卡；在小红书平台参加的活动，则以流量奖励为主。在小红书刚有直播功能的时候，笔者通过直播领取了大量的官方奖励流量兑换券，在之后的几天什么都没有更新，每天就靠这些免费的流量券，硬是给自己圈来了 1000 个精准的垂直粉丝。可见流量的奖励，甚至要比前两者更为丰厚。

在参加这类活动的时候，一定要仔细考量自身的垂直领域。如果你有了垂直的领域，或者已经建起了一个相对细分的领域，就一定要好好想一想，自己的内容到底能不能和这个活动擦上边？如果两边实在没法结合到一起，这种扶持活动我们宁可不参加，本质就是宁缺毋滥。绝不能因为这零零散散的奖励，把自己账号的垂直性破坏了，如果粉丝被散乱的内容弄迷糊了，之后账号在推广的时候，就不知道哪些人需要这些内容了。

在满足粉丝方的相关需求时，我们可以在少数情况下向平台做出让步。当平台愿意与我们长期合作，并且给了长期的扶持，以及派出专门的运营人员和我们对接之后，我们就可以向平台的利益充分让步了。对于这种签约扶持的福利，不要以为是大博主的专利，有很多独家的签约作者，大都是在几千粉丝的时候，就被平台选拔出来对接签约了。所以，我们在坚持创作一段时间后，可能也会面临这个抉择。至于是选择签约独家领工资，还是多平台分发赚流量，这个问题需要自己去好好思考。

把前面的全部细节整合到一起，就是以价值换收益的核心要义。我们每条内容里的价值，就是粉丝关注我们账号的最大动力。除此之外，我们还要在满足粉丝和服务平台之间，找到一个最佳的结合点。只要能在这个点上站稳，自然就能流量收益双丰收，甚至有望成为平台的镀金名片。

7.2.2 公域巨浪不如私域细水

人无百日好，花无百日红。坚持输出超过两年以上的自媒体作者，很可能会面临过气的局面。当关注者逐渐流失后，平台通常会选择扶持新人，并且让他们来接替我们的任务，并把粉丝黏在平台上。

喜新厌旧本就是人性，当大部分用户抛弃过气博主后，平台自然会紧随其后，将这个博主抛弃。在博主利益和粉丝黏性这两者之间，任何平台都会毫不犹豫地选择粉丝。哪个博主能给平台带来人气，平台就会将各种资源倾斜到哪个博主的身上。当博主的人气下滑到某个临界点后，平台会毫不留情地将其抛弃掉，并且去寻找下一个能带来人气的博主。虽然站在博主的角度上，我们会为此愤怒，但如果让我们来做平台，我们必然也会如此。

既然平台如此无情，我们就必须认清这残酷的现实：依靠公开平台的粉丝生存也好，还是依靠平台的项目扶持也好，这都不是长久之计。只有将流量引流到私域上，也就是加了微信的粉丝，才是相对比较可靠的收益来源。

倒退几十年，私域流量与手机通讯录的概念较为接近。如果我们需要联系通讯录里的某个人，随时可以给他们打电话。不过手机也有不便的地方，毕竟它是不能直接打钱的，这项工作还是要通过银行来进行。所以银行卡是私域流量的另一部分，它和手机结合到一起，就可以完成沟通与交易的全流程。

仅仅把这两者结合到一起，就是完整的私域流量吗？答案是还不够。大部分

人都在使用手机和银行卡，这是一种“大众共识”，这才是敦促一切交易完成的基础。所以，够格被称为“私域”的沟通工具必须兼有方便沟通、方便支付、大众共识这三方面的条件，三者是缺一不可的。

现在的微信，恰好集合了私域流量的三大要素。第一是可以随时随地联系，当然对方也可以选择拒绝回应，当初的手机也是如此。第二则是打钱功能，微信支付比银行卡支付还要方便。第三则是大众共识，中国的微信用户已经突破了10亿，大家都将微信默认为一个方便的沟通工具，这就是最好的共识。其他人研发一个既能沟通、又能支付的工具并不难，但如何让它们像微信一样取得大众共识，那才是最大的难关。

最典型的代表，就是即刻APP，这是一个非常优质的沟通平台，但这个平台非常小众，共识度远远不如微信。所以在引流的时候，大部分人还是选择引流到微信，只有极少数的人会引流到即刻去。我们也可以观察几年，看看即刻到底能不能在几年之后取得大众共识，从而成为与微信分庭抗礼的私域流量平台。

当我们尝试了引流行为之后，自然就会明白，任何一个平台都在对引流行为严防死守，这是一场漫长的猫鼠游戏。所以，不要盲目追求爆款和流量，我们需要分辨出真正对我们产品有需求的客户，然后通过较为私密的方式（如私信）把他们引流到微信上。无论在哪个平台，千万不要把微信号、手机号这类的联系方式发出来，不然账号大概率会被平台封掉。

总之，即便账号在公域平台就算红得发紫，但是所得到的收益，可能还不如在私域流量平台随便卖两三个产品得到的收益。公域平台的流量浪潮就算再猛烈，也不过是别人茶余饭后一时的话题而已，它永远归属于平台；但私域流量可以细水长流的，值得我们长久做下去，因为这笔收益永远属于我们个人。

7.2.3 平台兴衰，不阻价值延续

人有生老病死，物有兴衰起落。个人也好，项目也好，公司也好，平台也好，一切都逃不过衰退的命运。

当我们在一个平台持续输出多年之后，必然会对平台产生感情。哪怕平台衰退了，很多人也会出于感情，在这个平台继续坚守下去。在情感上我们能够理解

这种行为，但还是要理性地选择退路。

虽然平台的命运前途未卜，但也不要担忧未知的前途。例如，知乎的头号大V张佳玮，在正式入驻知乎之前，就已经在虎扑之类的论坛坚持写了十年，他在那边的名字叫作信陵公子。所以到了知乎以后，别人才叫他张公子。虽然他没能直接继承旧时代的粉丝，却继承了过往的影响力和文笔，从而攀上了前所未有的新高峰。

公开平台的账号粉丝通常代表着我们在这个平台的耕耘成果。如果这个平台没落了，我们也无法带走这些粉丝。但我们在这个平台练成的写作能力、个人风格和影响力，却不会与衰落的平台一起陪葬，这便是个人的价值。我们无法阻拦平台的衰退，但我们可以创造可延续的价值，并以此换取到下一个平台的影响力。毕竟平台的兴衰，不会阻挡我们个人价值的延续。

第八章 知乎运营与变现实践

知乎是笔者第一个成功运营到万粉的平台，算是一种“自媒体初体验”。本章将从运营、变现这两个方面，带读者一同认识知乎这个平台。运营包括熟悉粉丝调性、建设账号、寻找流量入口等知识点，变现则会从知乎好物推荐、引流这两个角度，来科普知乎的变现技巧。

以我们个人的微薄力量不可能改变一个平台的整体调性，所以我们只能去主动适应不同的平台。在运营同一个平台的时候，有些人会如鱼得水，有些人则会水土不服。自媒体的新手创作者不可能轻易玩转任何一个平台，也没必要去强行适应所有的平台。我们只需重视最适合自己的平台，并借此多放大自己的优势就够了。

8.1 从零开始认识知乎

知乎是中国首个优质的问答平台，它创办于 2010 年 12 月，平台调性与美国的问答平台 Quora 非常相似。在该平台中，创作者最主要的创作方式就是在各个问题的下面写回答，平台绝大多数的流量都被投放在了这个位置。我们后面所讲的内容，也会完全基于“问答创作”这个主题而展开。

在 2013 年，知乎平台开始向大众正式开放，注册用户的数量也与日俱增。在 2021 年底，知乎的月活跃用户首次突破了 1 亿，这标志着它已经成为中国的主流社交平台之一。对于自媒体创作者来说，活跃用户数量在 1 亿以上的任何一个平台，都是不容忽视的。

笔者在 2015 年底初次接触了知乎，在知乎上坚持写了一年，账号粉丝破万，但变现的效果却非常不好。在早期的知乎，除了少数身份特别的人之外，其他人基本上没有任何变现的可能。

为了改善这种社区氛围，知乎也做了很多全新的尝试，并且给产品做了很多次迭代升级。被具体落实的功能，包括但不限于知乎专栏、知乎盐选、知乎直播、知乎好物等。在历经了五六年的努力之后，草根作者总算是有了变现的机会。对于知乎来说，这绝对是非常大的进步了。

公正来说，虽然知乎上的用户对商业行为有很大的抵触心理，但他们对在某个领域做得足够专业的人，也会给予十足的敬重。这里提到的“专业”，未必就一定是高知精英，如果你是非常厉害的小家电修理师、铺地砖专家、通下水道小能手，照样也可以在这个平台赢得尊重。在这个平台中，只要利用合理的方式展示自己的价值，并且立住自己的专业人设，也就自然能够得到大家的尊重。

笔者在最初运营这个账号时，虽然收获了上万粉丝的关注，但是内容写得很杂。虽然自己本有一套固定的人设，但为了流量而四处蹭热点，最终把专业的人设全给削弱了，这便是初期变现水平极差的原因。

如果要用一句话来归纳运营知乎的基础方针，可以总结为人设高不如人设专。如果我们创作相对垂直的内容并充分展示自己专业人设的话，那就算是走对了运营知乎的第一步。

然后，我们就该好好了解这个平台的用户群体到底都是些什么人了。

8.1.1 知乎的人群画像

知乎是一个月活用户量过亿的平台。这个平台的主流用户都是一些什么样的人呢？首先我们可以确定，知乎的用户大多是以男性为主，这是知乎官方的结论。

前几年，知乎还研发过一个名叫“CHAO”的男性种草平台，主打男性需要的消费品，也可以理解为男版的小红书。

男性群体是可以继续细分的。我们可以根据爆款的内容，进一步摸清这些人的行为习惯。那些被刷新到知乎首页的高赞，往往和时政、历史、国际相关。而知乎首页的热榜问题有一半以上都是这类的内容。在每个读者的眼中，他们认定自己追随的博主是专业的，所以往往会带着这种认同感，和其他博主及其追随者展开友善磋商。

所以，对“专业”的认同和捍卫，就是知乎的主流价值观。这种价值观并不仅限于主流的时政新闻领域，也被沿用到了情感、职场、生活等其他领域。任何一个在单一领域表现得足够专业，并且能得到很多人的赞同的人，就有机会成为万众瞩目的知乎大 V。任何一个大 V 的背后，都有着无数拥护者。

这便是知乎主流用户的画像：无论在什么领域进行创作，原则也都是专业至上。把这折射到科技、职场、生活、情感等各个领域，其实也都是如此。我们要做的事情，就是用合理的内容引导读者，让他们将这满腔的热情变成我们答案下面的赞同，从而为我们制造出更多的爆款。

那么问题来了，究竟什么样的人才更适合来引领这些知乎用户呢？

8.1.2 什么人适合做知乎

在谈到这个话题之前，请各位务必明确我们做自媒体的终极目标，那就是变现。

明确了终极目标之后，我们再来谈谈变现的方法。知乎早期的那些变现方式，比如知乎盐选专栏、知乎 live，还有通过平台或非平台的渠道接广告等，这些变现方式太过于依赖渠道了。真正适合知乎用户的变现方式只有两个：要么是引流，要么就是知乎好物带货。通常来说，只有有产品的人才需要引流，而知乎好物带货才是适合绝大多数人的实用变现方法。所以这个章节的分析就以知乎好物变现为主，引流变现为辅。

笔者自己的写作社群，以做今日头条、小红书为主，只是有一小批人在组队研究知乎。根据对他们的实际观察和分析，生活类账号是最容易得到变现机会的，因为生活与消费直接挂钩，两者之间是一脉相承的。有时候，聊国际形势和上下五千年还不如每天聊些刷锅洗碗的技巧更赚钱。

如果以商业逻辑来分析，这个情况就变得易于理解了。因为生活与每个人都息息相关，所以这方面的读者群体也很庞大。而如果我们想通过平台赚到钱，就必须正视生活的需求，也必须对这方面的生活经验足够了解。而证明自己专业水准的最佳方法，就是要持续写下凝练后的工作或生活经验，这无疑是一条最便捷的路径。

我们运营生活类账号的时候，要在宽泛领域和垂直领域中间取个平衡。如果账号的内容比较宽泛，虽然可以参与很多的选题，但很难建设起专业的人设。如果自己的内容在生活大分类下的某个细分领域高度垂直，比如说讲零食就只讲零食，讲家电就只讲家电，讲调料就只讲调料，讲机械表就只讲机械表，讲脱发就只讲脱发，这样的转化率会比前者高出很多。因为天天讲同领域的内容，会比较专业一些，也会赢得大家的信任。

综上所述，普通泛垂直和精准垂直这两个方向，是各有利弊的。前者流量较大，可选的内容较多，但是转化率相对较低，专业的人设也不好立；后者的流量较少，可回答的选题较少，粉丝数可能也不多，但是专业的人设比较容易立，转化率也会相对高一些。

说到这里，我们可以得出第二个结论：在某方面拥有较为专业水平的人，更适合来做知乎变现，因为这样更方便做一个垂直的账号。这种方式不仅适合知乎好物，也适合给自己引流变现。我们可以通过输出足量的答案，来建设相对专业的人设，并且再通过私信等方式，把愿意付费解决问题的人，统统都引流到自己的微信上去。毕竟我们在前面讲过，公域平台的流量就算再多，也不过是一时的过客而已，那些粉丝不是我们的粉丝，他们终归还是平台的粉丝。只有那些真正引流到微信上的用户，才是真正属于我们自己的潜在客户。

除了生活家和专业者之外，还有一类人比较适合做知乎。那就是名校毕业的高学历精英。在知乎、小红书、B 站这种年轻人集中的平台上，大家对“学霸”都有着天然的崇拜。如果能够充分展示出自己“学霸”的高水准，读者自然就会心甘情愿地为此点击关注。

如果我们懂得如何用内容迎合大众，也写出适合的爆款，“学霸”这个身份也能够给我们带来几倍的加成。但如果不懂得最基础的爆款原理，那恐怕这个身份头衔也没有什么用。随着越来越多的高知人群入场做自媒体，这种身份也开始逐渐贬值，所以笔者把这个加成排在了最后。

拥有以上几种条件的人，即便在以新手创作者的身份做知乎的时候，往往也会更受欢迎。如果目前还做不到以上这几条，不妨就从现在开始，往自己能入手的方向开始努力吧！

8.1.3 认真建设自己的知乎账号

知乎的使用场景，一个是电脑端的官方网站，另一个是知乎 APP(蓝白色调)。根据当下的数据，APP 的用户明显占比更高。所以我们在使用的习惯上，当然要优先关注 APP 的界面，确保 APP 端的粉丝观感更好一些。

当注册好了自己的知乎账号后，第一件事就要设置自己的账号主页。账号的主页就是我们自己的门面，越是好的门面，就有越多的人愿意点进去，从而可能成为我们的粉丝。

笔者以自己的账号主页为例，讲一讲主页设置要诀，我们先来看一下主页的预览图，如图 8-1 所示。

图 8-1 知乎账号主页示意图

我们从图 8-1 的顶端开始看，在顶端的头图上，笔者注明了自己的身份和价值，并且明确地画出了引导关注的箭头。点击箭头下方的按钮，访客就可以关注这个账号，并成为粉丝。这个图片可以用作图软件去做，如创客贴，也可以用美图秀秀、PPT 等。接下来我们来分析下主页这几大块的设置。

- 账号名：建议全中文，尽量不要夹杂英文和数字，否则不利于跨圈传播，也不利于粉丝搜索。而且建议各个平台统一账号名，这样有利于铁杆粉丝在其他平台辨认我们。
- 头像：笔者用自己的照片改了个卡通版。除了仿效这种做法之外，也可以用高清生活照，或者正装照来做头像，这也是我们全方位建设个人品牌的细节之一。最好不要用别人（如明星）的照片或者其他无关图片充当头像，那样很难让别人对我们产生记忆点，对个人 IP 的建设也颇为不利。
- 一句话简介：这个指的是账号名称下的那一行小字："没有人比我更懂今日头条变现"，这一行小字会在笔者回答过的每一个问题下面和账号名称出现，所以会得到很多曝光的机会。此外，我们可以用短短的一句话（不超过二十字的篇幅）把自己的核心价值解释清楚，或者直接把自己微信公众号的名字贴在上面，从而方便把别人引向我们的私域流量。两种方案选哪一种都可以。
- 详细资料：就是自己的详细介绍，列在那一行灰色小字里面，不过能公开展示出来的信息很有限，比如我们是做什么行业的，以及住在哪个城市。其余的内容简单写写就行，反正这个详细资料被折叠在里面，很少有人会去手动打开它。

紧接着下面的三行，包括首页上的一串徽章，点赞、收藏等的数据，以及知乎仲裁官的身份。真正值得关注的，是下面的商品橱窗栏，橱窗里的商品是可以自行调整的。

- 领域确定：本着专业至上的原则，我们只需在自己的内容里，展现自己的专业水准就可以了。我们的账号名、个人简介等信息，需要根据内容而设定。例如，对于专门输出小家电相关的内容，名字和个人简介也要让人一眼能看出你是个专业的小家电科普者，这会全方位提高我们的内容转化效率。

账号主页的设置要点基本就是这些，而认真建设主页的内容，无疑是一件更值得长期坚持下去的事。

8.2 知乎的流量在哪里

身为一个月活用户量破亿的平台，知乎拥有着巨大的流量，也有酝酿出现象级爆款的能力。只要我们找准流量上升的风口，我们的答案就有望成为爆款。只要多让自己拿到几个爆款，就很容易实现涨粉和变现。

但这有限的流量，通常只会被投在有限的几个问题里。如果我们抓住那些处于流量上升期的问题，然后在那些问题下作答，自然就有望拿到各种爆款了。问题在于，我们该如何发现这样的热点问题呢？

8.2.1 竞争激烈的知乎热榜

知乎有相当一部分流量，都被投放在了热点事件的相关问答上面。笔者的知乎账号之所以能涨到万粉，也得益于早期的追热点经历（后期为维持账号垂直观感，删除了与写作无关的答案）。时至今日，知乎的热榜仍然是重要的流量入口。能善加利用的人，就能得到更多写出爆款的机会。本节全面分析“通过热点获取流量”的方法。

笔者当初运营知乎时（2017 年），知乎还没有热榜功能。那些有流量的热点问题，都被隐藏在首页随机推送的问题列表中。当初追热点问题的方法，和现在写头条问答的方法类似，那就是跟在大 V 后面答题，看哪个大 V 把问题带火了，然后赶紧进去写答案蹭流量。选择这个方法之后，每回答 10 个问题，大约就能蹭到 5 次上升期的流量。在个别情况下，甚至还能拿到千赞以上的大型爆款。

这种方法说起来容易，具体做起来的话就会有大量的细节需要注意。表面上，我们看到大 V 的答案在这个问题下火起来了，但是问题在于，平台到底是把全部的流量，都倾斜在了这一个答案的身上，还是把流量倾斜在了问题身上？问题下的全部答案都能利益均沾吗？笔者曾通过快速刷新问题的方法，来对此进行判定。

如果在几分钟内连续刷新几次问题，问题的阅读量每次都有明显上升，而且问题下前几个高位答案的赞数，也随之一同增加的话，那就证明整个问题下的答案都有流量。这时我们就该以最快的手速，在这个问题下写下回答。反之，这个问题则不值得回答了。

后来，知乎平台增加了热榜功能，并会列出当前热度排行前 50 名的问题，这成了一个很大的流量入口，也成了各路大 V 的必争之地。

在利益的驱使下，大家对热榜排名靠前的问题竞争比较激烈，对于新手作者来说，在找热榜问题时，可以选择一条相对简单的路，也就是从热榜排序 31 ~ 50 的位置里，找一些适合自己回答的问题。这里的有些问题，都是从微博同步过来的热点问题。如果一个问题在微博那边已经火起来了，但在知乎这边仍然停留在 31 ~ 50 名的位置，而且里面尚且没有什么优质答案的话，那就是我们“上车”的绝好机会。只要我们的手速足够快，观点足够鲜明，态度足够明确，就算答案在这个问题下排名不是很靠前，也有希望被顶到流量的推荐池里，从而得到一个涨粉很多的爆款。

热榜不是固定的，它时时刻刻都在变化。如果觉得当下的热榜没有什么值得我们“上车”的问题，就可以稍微等一等，等后面有了合适的热点问题，那时候再“上车”也来得及。毕竟在互联网时代搞创作，讲究的就是在适当的时候做适当的事。同样的一篇内容，如果在适宜的时机发出来，很有可能就是一个千赞或万赞的爆款，如果错过了那个时机，想得到十个赞可能都是奢望。既然我们只能写出有限的内容，不如把它留给更合适的时机。

8.2.2 藏在知乎后台的流量中心

综合比较一番之后，我们最终会发现，热榜虽然很抢眼，但它的性价比并不高。就算我们从泛热点的问题下获得了较多的流量，也不过只是一些看热闹的泛粉丝而已。如果想把泛粉丝转化为自己的垂直精准粉丝（指意在消费的粉丝），或者通过这个入口吸取垂直精准粉丝的话，这个效率往往不会太高，大概率会出现流量高、关注低的情况，个别情况下甚至还会夹杂一些“黑粉”。与其在热榜上和大 V 们抢流量，还不如去寻找一些拥有垂直流量的问题，这里面的竞争相对要小

一些，而且垂直领域的答案实用性较强，有望得到更多的长尾流量。

那么问题来了，如果想要这样的垂直问题，我们应该上哪去找呢？答案是从我们的“创作中心”去找。我们在手机端和电脑端，都能找到“创作中心”，相比电脑端的视野更宽阔，一切功能都看起来一目了然，如图 8-2 所示。

图 8-2　知乎后台潜力问题示意图

在知乎后台的“创作中心”，我们可以通过左侧的菜单栏进入“潜力问题”的界面，这里有大量的领域可供选择。在自己选定的领域里，可以找一个垂直度比较高的问题，然后写下自己的回答。这样的问题不会被轻易顶上热榜，但会有很多人主动检索，所以我们的答案不太可能火爆，但是有望得到相对垂直的长尾流量。

在这个界面里，每个问题的 24 小时的浏览增量、回答增量，以及各项累计的数据，基本上都能清晰展现。我们要优先回答流量增量大，但现有答案数量少的问题。只要能够给出合理的答案，那这个问题下面的流量基本上会全部倾斜给你一个人。优质的答案越少，你就越容易在问题下面拿到爆款。

不只是知乎，任何平台后台的创作者中心都有着类似的机制。平台后台会以“有奖活动”和“创作灵感”等提醒方式，来引导我们去输出某类内容。如果我们去参与这类内容，流量自然就能够好一些。简单来说，我们还是要让自己的内容与平台运营方的利益统一到一起。当大家目标相同的时候，他们手里用来扶持创作者的流量也就会落到我们的身上。

8.2.3 涨粉的核心技巧

空有流量还不够，我们还需要掌握一些简单直接又足够好用的核心涨粉技巧。这里介绍的招数只有一个，那就是在自己的内容里放出清晰而明确的观点，以及斩钉截铁的态度。这个方法不一定是最优秀的，但绝对是最简单有效且最适合新手掌握的技巧。

其实，知乎中很多爆款答案的内容都是挺简短的，也并没有什么深度，但它就是能激起大家点赞的欲望，这是因为它足够简单直接，以及作者态度明确。这种简单而明确的表达方式，往往能为读者提供珍贵的情绪价值。而这种情绪价值，是答案获取赞同的最大关键。

知乎的推送机制带有情绪传递，只要你的情绪宣泄足够到位，哪怕你的答案只有两三段话或几百字的篇幅，也能够成为上千赞甚至上万赞的爆款。在这短短的篇幅之内，虽然无法完成交叉论证，也不能够做到博古通今、旁征博引，但它的情绪调动到位，同样也是会火爆的。

在知乎中，真正拥有很强传播性的爆款问答，很多不一定是客观的、正确的、耐得住推敲的，但它大概率是有情绪的、有态度的，而且最后必须是有总结的。我们可以设法追求理性、客观和公允，但更需要遵循自媒体内容的传播规律，以及尊重人的情感。只有能满足这些要求，才有望连续拿到爆款。

所以我们在创作内容的时候，不管篇幅是长是短，还是要抢夺前期的流量，一定要给出明确的观点和态度。归根结底，虽然我们并不一定具备改变他人的能力，但是只要能用明确的态度和观点，传递一种思路，影响到他人，对他人有所帮助，便可把同频的人吸引到身边来。

8.3 知乎变现之好物推荐

知乎中的“好物推荐”功能，增强了平台的商业价值。对创作者来说，多了一条变现的途径。如果在自己的答案里推荐一些商品，并且有人从链接下了单的话，创作者就可以赚取一些佣金。

对于平台而言，这是一种推广商品的方式，可以促使很多用户形成就地消费的习惯，不用再去购物平台搜索了。与此同时，也会吸引更多的商家来知乎做营销，而且商家和普通用户不同，他们会花更多的钱来知乎购买流量，从而让知乎官方获得更多的营收。

对于商家而言，他们更有需求在知乎注册官方账号。如果他们在平台写出了爆款，那流量就可以直接转化为店铺的流量，这个流程一下子就被简化了很多，访问也变得精准了很多。如果他们需要更多的曝光，可以直接花钱来找知乎买流量，这便为商家和知乎平台带来了双赢的局面。

所以“好物推荐”这项功能，是一个能让多方共同得利的好事。对自媒体创作者来讲，既可以用写文章带来流量，也可以用这项功能带来变现收益，所以，在账号中要尽快开通该功能的权限。

8.3.1 创作者等级速成法

如果想给自己的知乎账号开启“好物推荐”功能，就必须要先给账号升级到对应的等级。按照知乎的规定，“创作中心”必须升到 3 级，才能开启“好物推荐”权限（仅可带货部分平台）；升到 5 级之后，才能开启完整的“好物推荐”权限（能带货全部平台）。创作者需要提前注册淘宝联盟、京东联盟之类的分销账号，等知乎账号升到 5 级后，再把这些分销账号绑定在知乎账号上（按照后台提示操作即可）。

为了尽快升级账号，尽快开启“好物推荐”功能，我们有必要加大账号的前期更新量。因为知乎后台的机制是——就算没爆款内容，不涨粉，只要写够了数量，平台也会发给我们足够多的创作分，账号也就可以升级了。我们每天发布的内容越多，第二天结算的创作分就越多。这和内容的质量好坏并不存在什么直接的关系。

所以在升到5级之前，我们前期一定要输出大量的内容。这些前期用来升级的内容，未必需要多高的质量，但必须中规中矩，不能因为内容违规而被扣分。等升到3级的时候，就可以体验知乎“好物推荐”功能的用法了。等到对功能了解足够熟悉了，运用得也足够熟练了，等级自然也就升上去了，这时，就可以在5级的时候大显身手了。

但是问题来了，如果每天都输出好几条内容，普通的作者能坚持得住吗？我们不妨用个省力的法子，那就是把自己写在其他平台的内容分发到知乎。比如说，在今日头条写了两个微头条，就可以在这边找到与微头条内容相关的问答，然后把微头条连文带图复制、粘贴过来。如果想再输出一段视频，干脆就对着镜头把这个微头条念一遍，然后再录成一个视频发布出去。这样的视频既不用剪辑，也不用配字幕，省时省力还能赚创作分。

等升到5级之后，我们就要渐渐开始输出优质内容，以及逐渐优化自己的主页了。万一出了一个爆款，别人来访问我们主页的时候，却看到了一大堆乱七八糟的垃圾内容，他们多半是不愿意关注这样的账号的。这个时候，我们可以在早期回答过的问题的下面，把自己的身份设置为匿名回答者，主页上的低质内容就会减少一条，别人也看不出来这是我们输出的内容了。

当然这个事情不能操之过急，因为隐藏旧内容会减掉创作分，甚至还有可能降低等级。建议在输出新内容的同时，以每天1～2条的速度隐藏旧的内容，而且要提前算好后台创作分，并确保自己的等级不会掉到5级以下。如果等级降下去了，那么已经开通的权限也会被平台收回，那这样做未免就有点得不偿失了。所以我们要控制速度，一步步地以后期的优质内容来替代前期用来凑数的随意内容。等这一步完成了，我们的账号的价值便会提升一大截。

以上，便是知乎创作者等级的快速提升法。当然也可以从第一个问答开始，就按照优质内容的标准来输出，但这种方法会让账号升级的速度变慢很多，变现的速度也会变得非常慢。这两条路不分优劣，可以从中任选其一。

8.3.2 如何选出一个能赚钱的领域

在进行自媒体创作时，根据刚需职业、兴趣爱好、读书写作的顺序，每个人都能找到适宜的创作领域。如果是在知乎变现的话，我们总体的大方针无须变化，但局部需要做一些微调。

如果本身是设计师、律师这类的刚需职业者，就可以在输出知乎答案的时候，按照我们前面所讲的方法，尽情展示自己的专业水准。如果别人有什么需求，他们就会根据专业内容找到我们，并且会以付费的形式来解决问题。

当然了，多数人并不具备刚需职业的资质。他们需要按照兴趣爱好、读书写作这两种思路来创作内容。如果我们选定的平台是知乎，就可以在这两者的基础上，把生活相关的内容添加进去，包括但不限于日常生活小妙招、烹饪美食小技巧、出行省钱小攻略等实用知识。这便是我们前面所说的“局部微调”。

我们之所以要做这个微调，完全是为了便于做“知乎好物”推广。有了这个功能之后，我们可以在这个平台实现就地转化，非常便捷。

在“创作中心”，我们就可以把自己的兴趣爱好、生活中积累的知识或平时读书的心得，一起留在自己的知乎主页上面。同时尽可以在前期多做一些不同的尝试，而不必把自己的创作范围限定得太窄。因为我们自己所构想的领域，跟粉丝真正想要的内容不一定完全相同。前期做的尝试越多，就越容易找到最适合自己的那个领域。

当我们自己构想的道路，和粉丝（给我们点赞、付费较多的人）希望我们走的道路出现了分歧后，我们应当遵从哪条道路呢？这时，我们就要有所取舍，尽可能地满足粉丝的一些需求。因为这些人，才是为我们付费，从而让我们赚取到更多收益的人。

8.4 五个无形却高效的“种草”技巧

营销的本质是建立信任，信任是成交的基础。因此，我们只有做到让客户打心底地认可我们，他们才会自愿地付费。在让客户付费的全流程中，敲锣打鼓式的吆喝未必是最管用的。在很多情况下，那些相对比较安静的、润物细无声的种草技巧，反而会带来更高的成功率，这是一种更为优质的建立信任的方式。

下面介绍五种在知乎好用的“种草”技巧，虽然它们只是一些细节上的技巧，但是效率相对比较高，它也适合任何领域的创作者来使用。

8.4.1 资历“种草”

在知乎中的“问答”区域，如果我们选定的回答对答主个人的资历有一定的要求，那么我们可以在开头部分，用几行字加一两张图来实锤自己的资历。这个时候，我们必须晒出真实的资料，而且资料必须与问题息息相关。

例如，在需要回答一个和考研相关的问题时，那么在开头部分最好贴出自己在官网中的考研成绩截图，以及自己录取通知书的照片。有了这样的真实内容打底，观众会在心里增加对我们的认同感。因为这些资历足以证明自己的权威性。就算内容不是那么到位，他们也会择优而取。

例如，要回答一个关于初中物理学习的问题，那么最好在开头部分晒出自己的初中物理教师资格证。如果再能贴出被评为优秀教师的证件或奖状，那就更好了。在用户的眼里，证书就是一种证明实力的媒介，有了证书作媒介，用户就会多一些认可，相信我们在这方面拥有着足够多的理论与实践经验。凭借这一点，就足以赢得用户的信任了。

再比如，要回答一个和生活、工作相关的问题，而且我们又恰好有这方面的经验，最好要有相关的资格证书来证实我们有这方面的能力，只要分析得有条有理，也能给用户提供到帮助，增加用户的信任感。只要后面的内容分享得当，而且足够真诚的话，我们的答案大概率会成为爆款。

在这个阶段，我们可以晒出自己的专业人设，但更要重视人设的真实性。因为大家更愿意相信一个真实的人，以及所给出的真实建议，而不仅仅是几句看似正确的废话而已。这种真实的资历“种草”，能让我们在建立信任这个阶段事半功倍。所以在这个阶段，最好明确说出我们的真实经历，配图必须与资历高度相关，这可以大大增加后面内容的可信度。

8.4.2 细节“种草”

在“问答”中，答主可能没有相关的资历或证书，但在某方面确实有值得借鉴的地方，或能帮助到提问者，也可以不用展示证书，但内容方面一定要分析得有条有理、有根有据，这样才能让人信服。至于内容该怎么铺设，这也是有很多技巧的。为什么有些人明明是编故事，也能编得有鼻子有眼，让大家深信不疑？为什么有些人明明是复述真实的经历，却说得无比啰唆，漏洞百出，让大家半信半疑？这背后有多方面的原因，但细节还原无疑是其中较为重要的一条。能做到这一点，建立信任感的难度就能够降低很多。

比如笔者在“新手想给杂志投稿，从哪些杂志开始比较好”这个问题下面的回答，就讲到了很多真实的细节。第一个细节，提到自己给纸媒投稿的时候，多数的稿子都石沉大海了。但在长期坚持投稿的过程中，终于遇到了一个赏识自己作品的杂志编辑，也得到了第一次上稿的机会。这段经历告诉我们，只要坚持不懈地将写作、投稿这种事做下去，迟早会遇到适合自己的平台。如果选择中途放弃，那后面全部的可能性也就此断绝了。

第二个细节，则是在一个杂志社编辑发布的动态里，看到了一条征稿信息。因为稿费比较高，所以决定去试一试，通过自己的努力和不断修订，终于过稿了，从而也为自己打开了一个新世界的大门。这种细节也给用户提供了很多信息，比如关注哪些平台或哪些圈子，以获得及时可靠的信息。这些为用户提供了帮助，也获得了认可。

在回答中通过细节的描写，能让人有真实的感受，也就是能激起一部分有共同经历读者的共鸣，从而与他们建立起前所未有的信任感。

单单阐述一个事件，会显得内容有些干巴巴的。但如果能把细节描绘得活灵活现，就会让更多人产生一种眼见为实的感觉，促使更多的人在不知不觉中看完，并且与我们之间建立起更长久的信任，也就容易在用户心里“种草”。

8.4.3 个性“种草”

知乎是个大流量平台，比较适合创作者建立个人 IP。所以在这样的平台，有个性的内容明显带有更强的“种草”效果。

在“问答”中的问题下所写的回答，除了给出常规的操作建议之外，还可以加入少量拥有个人特色的句子，目的则是增强个性化“种草”的效果。

例如，在回答的内容中用字体格式来进行重点的突出，这样别人在想看到答案时，这条回答就可以明显地展现在别人面前。

此外，也可以以幽默化的口吻进行回答，引入典故或是用冷笑话来铺垫，吸引读者的注意力，形成自己的特色。在其他问题的回答上，用户很容易看出是我们，从而加深对我们的印象，这也利于我们形象或账号的传播，进而吸引更多粉丝关注。这种有自己特色的问答方式也很容易成为爆款，也利于用户“种草”。

8.4.4 痛点“种草”

对于痛点“种草”这块，我们要先了解自己的目标用户，才能够精准地把握住他们的痛点。如果知道他们在现实生活中遇到了什么样的困难，就可以直接在自己的回答里给出具体的、详细的解决方案。绝大多数的爆款内容，本质上都是对精准问题的解决方案。只要我们列出的方法足够实用，别人可能就会通过这个答案来关注我们，或付费咨询以得到该问题更多的建议。

关于痛点“种草”，打开知乎后，翻到系统自动推给你的爆款，然后看你愿意收藏哪些人的答案，并且关注这些人；以及你愿意给哪些人的答案点赞，却对这个人没什么兴趣。然后再将两者做个对比，就不难发现：那些被长期关注的人，往往是治愈痛点的高手。他们的每一篇问答，通常都是痛点种草的“活教材”。我们可以多看看他们针对的是哪方面的问题，回答问题的风格是什么，并对此进行借鉴。

8.4.5 内容互联

在众多的自媒体平台里，知乎拥有非常灵活的编辑功能，能让创作者的内容形成互相联通的内容网络。如图 8-3 中画横线的几行文字，就是内容互联的内容。

如果觉得文字效果不好，也可以把它切换成卡片形式，如图 8-4 所示。

在其他平台里，小红书是没办法实现互相联通的，今日头条的文章在发出去一段时间之后，内容不允许再编辑，所以也无法实现互相联通。微信公众号的旧图文倒是允许修改，但不允许往旧文里添加链接。

当我们使用这个内容互联功能之后，如果某一篇问答火爆了，就能给其他挂着链接的问答带来流量。或许某一篇答案打动了别人，但还不足以让别人付费，他们也许通过这些内容互联的链接，继续翻看其他内容，从而就有更大的概率种草成功，这便是内容互联带来的影响。

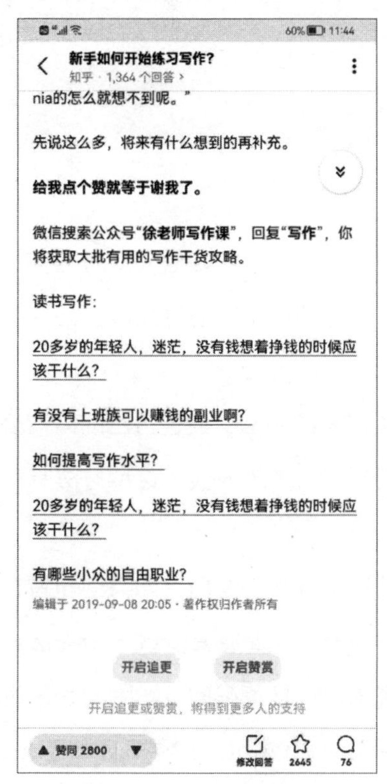

图 8-3　知乎内容互联文字版

图 8-4　知乎内容互联卡片版

8.5 知乎变现之引流

我在前面重点讲过了知乎中好物推荐的变现技巧，在这节将重点讲讲引流变现的技巧。之所以要把引流拿出来单独讲，是因为引流变现的操作技巧和知乎好物推荐变现的理念是截然不同的。

当我们选择引流变现的时候，无论账号的等级是多少，是否开通了“好物推荐”权限，还是知乎账号有多少粉丝，这些都和引流变现没有多大关系，最重要的是要输出优质内容。所以，我们宁可少写几篇内容，也要坚持输出优质内容，不能为提数量而拉低了质量。

我们评判引流变现效果的标准，通常是有多少人进行私信咨询，或者选择关注相应的微信公众号。

下面，就来讲一讲知乎引流变现的方法。

8.5.1 私信引流变现技巧

知乎平台的流量并不是太稳固，在引流方面它远不如微信公众号更实用。就算知乎的账号没了，或者官方不再给流量了，他们也可以通过在微信公众号积累的粉丝赚到一笔不错的收益。

所以在最早期，知乎大 V 经常会在爆款答案的后面，通过自己的微信公众号二维码来给自己的平台引流。在早期以网页浏览为主的时代，这种方法其实是可行的。

但是这种方法后来被淘汰了，一方面是知乎官方的管理，如果创作者在答案里贴二维码，官方就会把带二维码的图片屏蔽掉，从而将其变成一个无法识别的链接。就算是官方不屏蔽，这种方法的引流效果也是每况愈下。因为大家浏览知乎的习惯，已经从网页浏览逐渐转变成为手机 APP 浏览。如果在用知乎 APP 浏览答案的时候，突然看到一个微信公众号的二维码，又不能直接扫码关注，而只能先把这个页面截图，然后再打开微信，从相册里重新选择和扫描这张图，这样引流的流程一下子就变复杂了。

在此之后，大家开发出了全新的引流方法，也就是在自己的答案中部或者末尾，以文字的形式插入自己的微信公众号名称。为了确保用户愿意去搜索关注，有些人还会发放福利，比如赠送免费的资料或者免费的干货文章，或者自己写的PDF 电子书等。这种方法至今仍在沿用，在引流方面确实也有些作用。

一段时间之后，这种方法的引流效果也出现了瓶颈。现在，知乎平台方对知乎答案的审核越来越严格了。如果我们在内容里公然留下了自己微信公众号的名称，大概率会被官方警告，并且答案的全文也可能会被直接屏蔽掉。如果不把它去掉，那么答案也根本得不到任何的曝光。除此之外，用这种方法引流的营销号越来越多，读者也越发地反感。如果账号只是赠送一些随处可见的免费资料，且其中不带有任何个人元素的话，粉丝很可能直接取消关注。

在这种形势下，我们需要一些更为高效的方法，那就是不在答案里露出任何私域平台的名字，但可以在内容的末尾，插入付费咨询入口，或者引导别人私信我们咨询。在这个过程中，我们可以筛选出最有付费意愿的用户，然后将他们引流到我们的微信上，并进行长期的维护。

在掌握了私域引流方式之后，变现就会变得容易，变现效率也会更高。

8.5.2 引流 4000 垂直粉的秘诀

在知乎的“问答”中，有各种各样的问题，也有各种各样的答案。我们前面提到过，要想成为爆款内容，首先要选好领域；其次在领域中选好爆款问题，也就是大家都普遍关心的问题；然后在回答的时候，要结合问题中的痛点给出切合实际并易于执行的方法。

例如，笔者选定了问题“搞什么副业每月能稳定收入 1 万元”，因为每个人都想实现经济独立、财务自由，所以很多人也都会想怎样才能多点收入。这个问题贴合大多数人的想法，所以也容易引起大家的关注和点击，有成为爆款问题的潜质。除了要选择一个好的问题，还要给出优质的答案。例如，在这篇答案里，笔者重点介绍了自己的创作经验，并且重点介绍了细节“种草”、个性“种草”这两个技巧，以及写听书稿和与多个平台的合作经验。我们在写回答时，除了给出实质性的答案，还可以体现出自己的表现风格，以给读者留下更深刻的印象，从而增加内容的可信度。

在最后的内容里，我顺理成章地留下了自己的微信公众号，然后又找朋友给我的这篇问答点了赞，得到了曝光的机会。因为内容比较新奇，所以理所应当地得到了很多的流量，最后它成了一篇爆款。在爆推的那一个月里，我的微信公众号每天以三位数的速度涨粉，单单这一篇爆款文，就在那个月里引来了 4000 多个垂直粉丝，这之后还有很多长尾流量。

因为答案里充分展示了自己的价值，所以引来了一大批有效垂直领域的粉丝。虽然引流的方式时时刻刻都在变化，但以价值吸引需求者的思路是恒久不变的。掌握住这一点，我们在自媒体创作时将不会缺乏流量和收益。

第九章

今日头条运营与变现实践

今日头条在电脑端叫作头条号，很多人将今日头条视为等同于百家号、大鱼号的一个分发平台。其实，这个平台不仅拥有高度完整的生态，还拥有惊人的产品迭代速度。哪怕是一个零基础的新手，只要在这里踏上一个向上的流量风口，都能够得到超乎想象的收益与成长。这些机会，只属于最细心、最敏锐的人。

9.1 今日头条的变现方式

从 2019 年至今，笔者从一个零基础的新手作者，成长为了一个坐拥 450 万粉丝矩阵的主理人，并亲身经历了今日头条大多数的变现风口，也积攒下了很多写作变现的经验，本章将会分享这方面的内容变现经验。

首先列举下今日头条的主要变现方式，以让读者熟悉这个平台的基本功能。因为这个平台的规则变动太过频繁，所以列举的内容可能会和现实状况有所冲突，不过并不影响实际操作。然后我们再来了解一下查看现有变现项目的方法（以网页端为例）：先在电脑网页端登录“头条号”，然后在左侧菜单中的“成长指南”下的“创作权益”中，自行浏览各项的变现方式，以及开通它们的条件是什么，如图 9-1 所示。

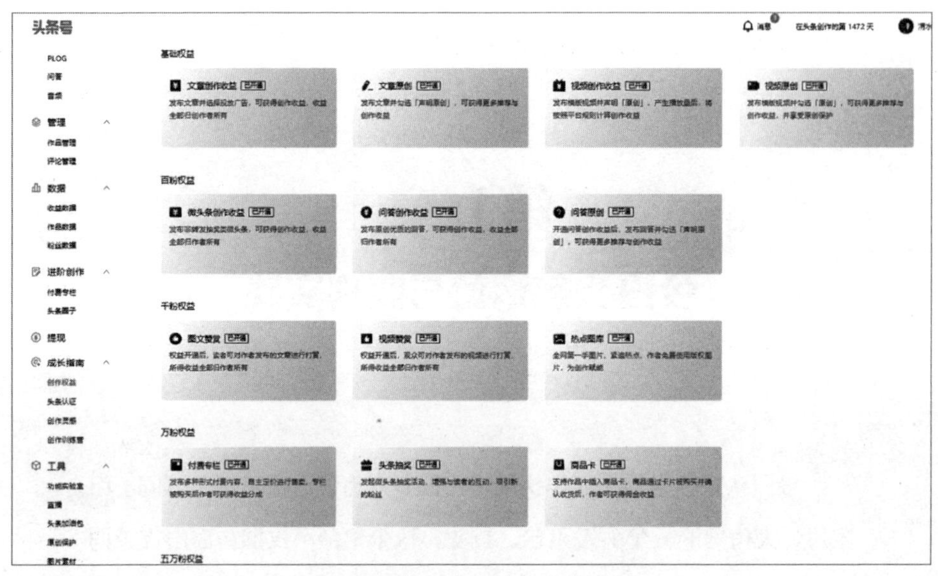

图 9-1　头条号后台各项收益列表

9.1.1 长文流量变现

在今日头条中，长文流量的变现方式没有任何门槛。任何实名认证后的合法用户都可以直接参与。

如果你在今日头条上面写了长文，就有可能直接获得流量收益，然而流量的收益与阅读量是直接相关的。如果这篇长文恰好爆了，就可能轻松赚到几百元，甚至有望赚到上千元。

每篇长文的单价，与读者的平均阅读时长息息相关。读者的平均阅读时长增加，它的单价也会随之增加，反之单价则会随之降低。除此之外，文章的完读率越高，单价也会随之提高，反之单价则会降低。所以我们需要合理安排文章的长度，既要确保内容不要太短，也要确保内容足够引人入胜，从而给自己选择一个良好的结合点。

9.1.2 微头条流量变现

微头条流量变现方式的门槛是有 100 粉丝。只要账号的粉丝量≥ 100 且是个人账号，就可以在自己的账号后台申请开通微头条变现功能。只要账号近期没有什么严重的违规行为，基本上都可以瞬间过审。

除转发抽奖类微头条之外的全部微头条，都有相应的流量收益，这个收益与内容的流量直接相关。一篇阅读量为 10 万的爆款微头条，其收益约上百元，在微头条收益的高峰时期，单篇微头条的收益甚至能够突破千元。如果是爆款带货微头条的话，那收益将会更多。

9.1.3 问答流量变现

问答流量变现方式的门槛和申请权益要求与微头条相同。

微头条、长文和问答这三类内容的直接流量收益，是今日头条最广为人知的三类收益。今日头条官方会不断调整其收益水准，使这三项收益的单价此消彼长，有时候问答的收益比较高，有时候长文的收益比较高，有时候则是微头条的收益比较高。例如，2021 年的夏季，微头条的收益和流量较高；从秋季到冬季，则是问答的收益较高。毕竟问答不能参与带货，涨粉的效率也比较差，如果平台再不给点高收益，恐怕就真的没人去写它了。问答的优势还在于长尾流量。

例如，社群成员写了 4 篇爆款问答，当月问答收益在 4500 元左右。之后几个月什么都没写，在头条问答的长尾流量之下，账号仍然获得了 3700 元的收益。可见，长尾流量也是吸引人的，能够带给人一些创作动力。

9.1.4 带货变现

如果想要在今日头条进行带货的话，就必须要开通“商品卡”功能。在平台的早期只要有点粉丝就能开通，但现在如果想要开通这个功能，就必须要满足有 1 万个粉丝的门槛。

今日头条中带货变现这个功能用起来很简单，只需点进自己的“商品卡”，并挂上今日头条精选联盟的商品，然后把内容发布出去就可以了。只要有人从我们这里购买了商品，我们就可以获得相对应的佣金。至于产品质量监控、后期发货之类的任务，都由店家来完成，我们只需扮演好一个销售员的角色就可以了。

在今日头条中进行带货，这种变现方式的效率很高，我们的长文、微头条和短视频，其实都可以用来挂接商品来赚取带货收益。至于具体的话术技巧，将会在后面的具体案例中进行详细的说明。

9.1.5 专栏变现

今日头条以前开通专栏的门槛非常低，基本有原创权限的账号都能申请专栏，现在开通专栏的门槛也是有 1 万粉丝的硬性要求。所谓头条专栏，其实就是一种最基础的知识付费，只要标题起得足够吸引人，平台官方就会主动给我们进行推荐，从而让我们的单篇内容获得更多的流量。

后期分成收益的时候，通常都是平台和创作者各分一半，苹果操作系统的用户需要给苹果官方支付一笔手续费，创作者和平台在这个渠道获取的收益，可能会比安卓操作系统用户更少一些。但今日头条专栏的分成机制经常会有变化，在做专栏的时候，可以仔细关注最新规则，一切皆以当下的最新细则为准。

9.1.6 打榜变现

如果商家需要在今日头条做广告，就会建立与品牌强相关的话题，再请创作者发文将话题炒热，从而使他们的品牌得到曝光。创作者会在这个过程中得到酬劳，这种变现方式通常被称为打榜变现。

有时候，这类商家在广告时，有些会直接找到 MCN 机构，有些则会通过官方的渠道完成对接，也有极小的概率会直接找到创作者本人。如果在写作变现的过程中，我们能找到排名相对靠前的 MCN 机构加入，这样将会有更大的概率对接到类似的合作，从而提高收益。

9.1.7 个人品牌变现

前面提到刚需类职业是我们首选的创作领域，如果能讲清楚自己的职业水准，也就相当于成功建设起了自己的个人品牌。所谓的个人品牌，无外乎是让别人知道你能做什么，以及请你做事要花多少钱。

前面在知乎讲的五个“种草”技巧，放到这里仍然可以用。毕竟这里的每个用户，也都有自己的需求，自然也会被这些“种草”技巧所吸引，即便没有商品卡，没有专栏，甚至没有几个粉丝，也照样能通过个人品牌这个渠道来实现变现。

9.2 脱颖而出的微头条

在今日头条众多的变现方式里，微头条无疑是其中最为灵活的一种。因为微头条这种创作体裁的篇幅短小，我们哪怕是在散步、等车、机场候机的闲暇时间里，也能轻松写出一条微头条。写完之后，就可及时将它发布出去。虽然微头条的篇幅这么短小，却往往比长篇大论的内容更容易成为爆款。

我们只需掌握简单的写作套路，加上持之以恒的输出，便能写出展现量数十万，阅读量数万，净收益几百块，而且一次性涨粉成百上千的爆款微头条。

9.2.1 十分钟学会爆款微头条写法

通常来说，微头条的篇幅不用很长，我们将单篇微头条的字数控制在500 ~ 1200 字即可。如果太短了，变现单价上不去，如果太长了，内容的完读率会较低。我们常用的爆款微头条模板很简单，十分钟就能学会。但学会之后，必须要反复练习，才能达到最好的使用效果。

它的模板主要分为三个部分，每一个模块至少要有 100 ~ 200 字，具体字数可以灵活掌握，但总字数尽量不要超过 1200 字。

- 开头技巧：把想要展现的全部的“异常”信息密集地堆在开头。最好让开头的每个断句，都拥有足够大的信息量。只要开头的信息量足够密集，读者就有点开阅读的欲望，后面的内容也就会有流量。很多爆款微头条的内容非常单薄，除了一个诱人的开头之外，没有任何可圈可点的地方，但它的初始流量，比那些真正有干货的内容流量还要好很多倍。这就是读者在潜意识之下做出的选择，所以开头部分很重要，可以罗列“异常”现象，也可以设置悬疑，以达到“开幕雷击”的效果。
- 内容铺陈：为了追求“开幕雷击”的效果，我们在开头放了很多密集的信息，读者会被这密集而“异常”的信息吸引进来，但他们知其然，却不知其所以然。所以，在这个阶段，我们要把开头的内容解释清楚。我们将这个位置的内容命名为内容铺陈。如果在这个阶段不能把开头的内容解释清楚，这篇内容通常就会被判定为标题党。今日头条对标题党的打压非常严格，轻则整个账号被限流，重则会被移除“创作中心”，并且被取消全部的权限。所以，我们务必要将这个模块重视起来。

- 核心收尾：今日头条一直在打击纯故事类的微头条。而区分是否编故事的分水岭，就在于后面到底有没有观点。观点的比重可以稍微长一些（官方建议是故事三成，观点七成），如果后面的观点篇幅少了，我们的内容就会存在被判定为纯故事的风险。虽然有些创作者很喜欢冒险，但对于新手来说，我们最好还是采用最安全的方法去创作微头条，也就是一切据实复述，然后再详细阐述观点，这可以确保大多数的内容顺利过审。

如果我们的微头条是带货内容，那么落脚到商品上就可以了。这里千万不要带入其他无关紧要内容，甚至无须介绍自己，更无须给出什么观点，只需要一心一意往商品上落脚就好了，否则带货内容的转化率就会受到很大影响。

9.2.2 微头条变现实录

本小节将会按照从低到高的段位，结合微头条变现的实例来逐步讲解微头条的变现。

第一篇百元微头条的作者是笔者社群的成员，平时在社群里不怎么活跃，但一直在坚持写作，内容以名人逸事为主。

这个作者在微头条中发布的一条主要内容是徐悲鸿的婚史。开头用“开幕雷击”的手法堆叠了与徐悲鸿有关的“异常”元素，营造了一种神秘感，有着极强的吸引力。

中间的内容铺陈，则逐渐放慢了节奏，对开头部分的“异常”元素进行了释疑。用几百字缓缓叙述，像讲历史一样引人入胜。

前两部分很能引起读者的好奇心，算是比较成功，只是结尾转折比较突兀，观点有点单薄，很难让读者找到互动的欲望。这也算是初步尝试微头条。

这篇微头条的展现量是 338 万，实际阅读量是 36 万，创作收益是 199 元，累计涨了 399 个粉丝，如图 9-2 所示。

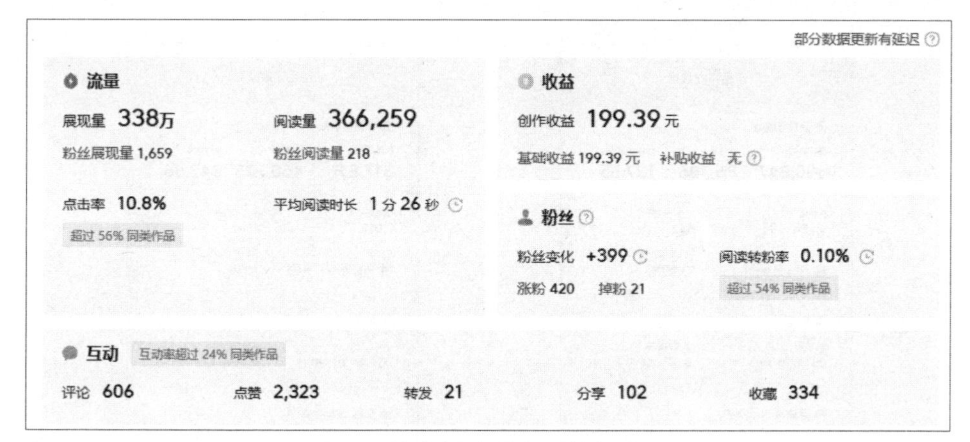

图 9-2 社群成员的微头条数据示意图

下面第二篇微头条与第一篇的类似，结尾稍显突兀。作者也是笔者的社群成员，其发布的内容是基于邻里琐事改编而成的。这篇微头条的开头信息非常密集，堆积了好几个莫名其妙的家庭矛盾。这种家庭冲突来得快而猛烈，让人感觉猝不及防。

而在中间部分，则以缓慢的节奏讲述了故事的来龙去脉。在最后的结果中，一家人冰释前嫌，故事就在其乐融融的氛围中结束了。

这个故事与上一个类似，先是添加了“异常”元素，中间又对“异常”进行了解释，最后进行了总结。

这篇微头条的观点也是比较单薄，但体现出了一种正能量。这一篇微头条，得到了 68 万的展现量，将近 9 万的阅读量，创作收益是 137 元，累计涨了 65 个粉丝，数据中规中矩，如图 9-3 所示。

第三篇是有关家庭教育的问题，开头部分也是进行了设疑，用母亲被女儿吓到来吸引读者的好奇心，中间部分对开头部分的设疑进行了详细解释。最后部分得出一种结论就是在教育方面要多沟通，而不是粗暴的干涉。整体是引导一种良性的教育态度。

这篇微头条的单条展现量是 317 万，实际阅读量是 45 万，创作收益将近 350 元，净增粉丝数 281 个，如图 9-4 所示。

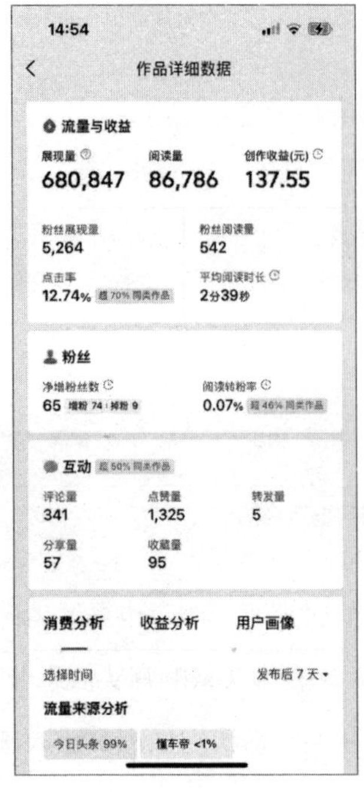

图 9-3　第二篇微头条数据示意图

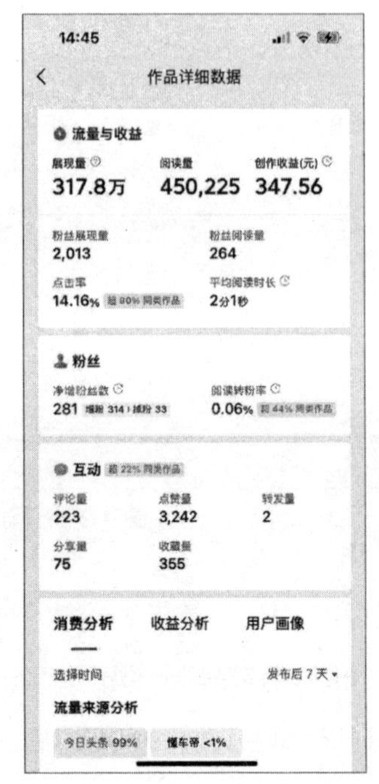

图 9-4　第三篇微头条数据示意图

在这几个单篇变现超过百元的案例中，我们不难发现其中的共性：这些微头条的开头，用的都是“开幕雷击”的套路，但观点部分比较单薄，收益也不是很多。

下面再来分析一下单篇收益在千元以上的微头条，内容普遍比单篇百元的微头条更厚实一些，阅读的流畅感也普遍更好一些。“开幕雷击”的效果自不必说，这是每个爆款微头条必备的套路。除此之外，这类微头条多数都是带货微头条，如果纯靠流量收益的话，恐怕很难有人赚到单篇千元的收益。

下面要分析的第一篇千元微头条，挂上了微头条中的“话题”，即用两个“#”号圈起来内容。我们发微头条的时候，可以先去后台的有奖活动列表中逛一逛，然后挑选符合自己内容调性的话题，并将其挂在内容的末尾。在参加了话题活动后，我们不仅有望得到流量扶持，甚至还有可能得到现金奖励，这其实也算是一种变现方法。只是这种变现方法覆盖面比较小，这里只进行简单介绍。

这篇微头条的篇幅不长，真正的信息含量也很一般。只是开头的信息量比较

大，添加了很多有趣的“异常”点，引发了读者的好奇心和探索欲，制造了“开幕雷击”的效果，所以也顺理成章地成了爆款。

中间部分对开头部分有趣的“异常”现象进行了分析，让人有种恍然大悟的感觉，但结尾部分和前面三篇类似，并没有特别好的提炼和总结，但它在后面带上了话题，所以本质上赚的是活动奖金，如图 9-5 所示。我们刚才讲过了参加话题活动的方法，如果在写不带货的普通微头条时，可以自行挂靠这类的活动。如果有空闲的时间，却不知道该写点什么好，不妨去后台翻翻当下的有奖活动，说不定也能找到一些选题的灵感。

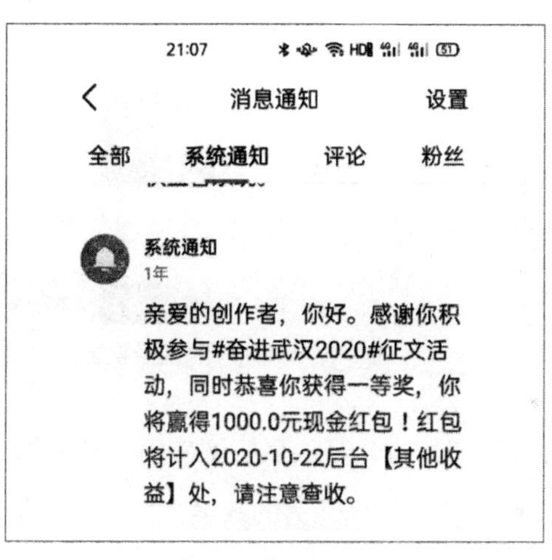

图 9-5　奖金示意图

下一篇也是变现千元的带货微头条，这篇文章的内容和畅销书相关。畅销书的信息传播也带动了这条内容的传播。

这篇收益千元的微头条的写作模板和前面几篇的大同小异，但结尾凝练得比较有力。虽然直接流量收益仅两百元，但带货收益却比较多，累计达 1800 多元，如图 9-6 所示。

下面我们来分析一下单篇收益千元的微头条，单靠流量收益是很难达到千元的。达到千元的单篇微头条一般是参加了微头条中的话题活动，或者是开通了带货功能。

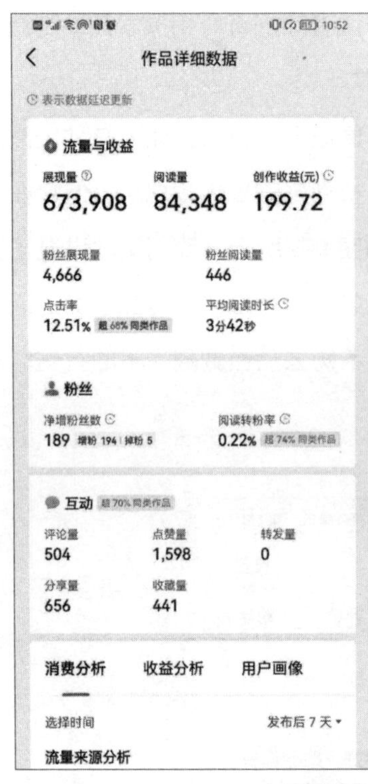

图 9-6 单篇带货微头条收益

此外，在具体内容的写作中，开头最好要使用“开幕雷击”的效果，以众多“异常”来吸引观众的眼球，以达到造势的效果，从而吸引观众继续往下阅读。在中间部分可以对开头部分进行释疑，也可以添加带货信息，但是带货信息不要显得突兀，要能与正文内容融合到一起。结尾部分要有观点有结论，要收放自如。此外，如果内容适合微头条中的话题，在发布时可以添加话题。

综上所述，单篇变现千元的微头条分为两类：一类是纯靠流量的微头条，这种微头条的内容本身拥有爆款潜质，“开幕雷击”往往被运用得足够熟练，故事生动形象，观点鲜明新颖；另一类则是带货类，通过带货单篇微头条可以赚到上千元，比纯靠流量赚收益要容易很多，也有较高的转化率，但是门槛相对高一些。这两类微头条，都是值得我们去探索的高收益之路。

能通过单篇微头条收入万元以上的作者，除了写作技能娴熟之外，还拥有着非比寻常的反应速度。这不仅包括写作的速度，还包括发现机会的反应速度。拥有以上全部特征的创作者，才有望赚到单篇上万元的收益。

参照我们前文讲的几篇爆款微头条的收益，如果想纯靠微头条的流量收益实现单篇收益过万的目标，那么单篇微头条的展现量必须要在6000万以上，这对于绝大多数的普通作者来说，基本上是不可能完成的目标（问答长文单篇收益过万相对要容易一些）。所以我们能见到的单篇收益过万的微头条，基本上100%都是带货类的微头条。

前面讲的微头条的发文案例都是收益百元和千元的，当然，收益也可以过万。套路同前面的案例一样，单纯靠流量型文章很难破千元，所以，要想增加收益，要么添加热点话题，要么添加带货内容。

热点话题很好选择，根据当前的社会状态和新闻选择一些热搜的话题，这些话题会带动一部分流量。此外如果选择带货，那么就要选择商品类型了。

下面简单讲一下收益过万的案例，不管你是带货哪种产品，发文套路和其他带货发文的套路没有区别，也都是分为三部分：开头部分堆积“异常”点，中间部分进行“异常”解析，结尾部分进行总结或进行归纳结论。那么，使用同样的套路，为什么有的微头条竟然能做到单篇文章的收益破万元呢？

这其中，也是有窍门的，就是要选择自己所带货的商品种类，并写好文章内容，不要让发文内容看起来像是广告。

其中，在选择商品种类时要注意以下两点。

①要选自己了解并且认可的商品：首先要了解商品，如果自己对这个商品不了解，那么写出来的内容肯定也是很生硬的，无法获得其他用户的认同感；其次，选择自己认可的商品，如果自己对这个商品都不认可，那么写相关内容时肯定也是没底气的，即便胡乱吹捧靠运气让别人下单，最后也会失去自己的信用分，所以要选择自己认可的商品，只有自己打心底里觉得好的商品，写出来的相关推文才能获得别人的共鸣与下单；然后，要确保商品的质量问题，千万不要在自己的账号下链接没有经过验证的商品，否则会带来负面效应，后期再想赢得别人的信任会很困难。

②要选常销或者畅销产品：常销产品是日常生活中经常用到的产品，如农产品、食品、衣服、鞋子等，是生活必需品，会经常购买，所以也会有持续销量；

畅销产品是某个时间段持续销售且量大的产品，比如书籍，它作为工作、学习或者提升自己的简单有效的工具，需求量会很大。

选择好商品之后，就要开始写内容了。在写内容时，要将产品融于故事中，并做到无缝衔接，这样会让读者感觉比较自然，会继续往下阅读，看完之后也不会觉得像是做广告，而是从心底认同作者的推荐，进而产生购买行为。

9.2.3 站在微头条变现的前沿

普通的高手作者所关注的事情通常是如何写出爆款，以及如何确保内容的垂直性与可读性。对于他们来说，顾好自己的一两个账号，基本上就足够了。而影响力更强的作者，除了要满足上面的要求之外，还要担负起引领其他作者的责任。他们自己通常都会业精于一门，或者是微头条，或者是问答，或者是长文，或者是短视频，总之要先成为某个领域的高手。然后在此基础上，先用自己的经验去发现风口，然后带领大量的创作者入局，最终实现共同盈利的目标。

笔者社群里有一个成员，现在是写微头条的高手，目前专门负责带货、营销打榜之类的业务。因为他在微头条爆款写作方面造诣极深，所以他能紧跟平台的形势，并且从未错过微头条的任何一个风口。

在很早以前的打榜时代，他以流量冠军的身份脱颖而出。之后他亲手带出来的成员，都成了打榜的流量先锋。最初，微头条既没有流量的收益，也没有带货的功能，所以只能够通过打榜的方式来赚取一些官方的扶持奖金。虽然那时候的微头条不能变现，但大家写微头条的积极性非常高，因为很容易成为爆款，平台动辄就会给出很大的流量，涨粉的速度也非常快。这种爆款带来的正向反馈，也是我们创作的重要原动力之一。

微头条的打榜时代过去之后，平台又添加了微头条流量收益，以及微头条“商品卡”这项功能，于是我们社群走上了带货的道路，单篇净收益也突破了万元。实际上，这位成员在风口期的带货成绩是非常抢眼的。

微头条最大的风口很快就过去了，很多人也就随之沉寂了，但是他并没有沉寂，而是一直在稳步输出，寻找着下一个小风口。例如，2021 年春节之前，我们开了一个小型的带货营，帮很多人通过发文带货实现变现。他以微头条带货板块

导师的身份，引领着其他创作者们一起带货。他在那个月带货的总收益已经达到了 2.7 万元。

身为众多创作者的领头人，往往要担负起较为沉重的责任。过硬的个人能力只是最起码的要求，此外还要掌握“化繁为简”的分享技巧，以及动员多数写作者的能力。但凡慢了半拍，大家可能就会和机会擦肩而过。毕竟在今日头条靠写作赚钱的人很多，所以要永远走在微头条变现的最前沿。例如，他开荒了巨量星图的微头条变现方法，不仅自己在星图系统上有斩获，还让社群里的很多伙伴共同受益，并且一起在巨量星图赚到了钱。

巨量星图是字节跳动的广告对接平台，以前专供抖音用户来对接广告商，后来添加了今日头条的广告对接业务。参加这类活动的门槛并不低，需要满足 1 万粉丝的硬性要求。

我们可以在巨量星图的后台，先登录自己满万粉的头条号，然后在后台选择上方的“任务大厅”，就可以在对应活动的后面单击“参加投稿”了，如图 9-7 所示。当活动结束之后，如果我们的内容被甲方代表选中，就能够得到平台方发出的奖金。

图 9-7　巨量星图后台界面

在竞争奖金的过程中，内容流量是最主要的评判维度，因为这一项的数据高低是一目了然的，获奖内容的数据通常都不会太差。但其他的影响因素也是不容忽略的，我们的内容不能有负面效应，而且一定要对品牌进行有效植入，并让读者将注意力落脚到品牌本身。能达到这一点的星图微头条，无疑就更容易被选中获奖。下面结合一些实际的案例，来讲讲好的巨量星图作品是什么样子。

下面的案例是给某手机征文写的微头条星图作品，框架和前面的微头条框架一样，无外乎也是“开幕雷击 + 内容铺陈 + 内容落脚”，但同样的套路放在这独特的环境里，其画风又出现了一些独特的体征，下面大致介绍下作品内容。

在“开幕雷击”的开头部分里，作者点出父亲离婚时净身出户，留下 300 万的房子和 50 万的存款，以及孩子在读大学二年级那年，父亲让孩子用房子抵押贷款 80 万救急。这接连的几个数字，个个都代表着一种“异常”的状态，读者也会被勾起好奇心：这个父亲到底是个什么样的人，这个贷款窟窿能不能填上呢?

带着这样的疑问，我们来继续往下看，将会逐渐了解后来的故事。父亲确实陷入了困境，孩子确实也拉了父亲一把。虽然母亲知道之后很生气，但是也无可奈何，毕竟父亲和孩子的亲情血浓于水，这不是距离就能分隔开的。

某天孩子在出门的时候，看见面摊上的一家三口亲亲密密地在一起，然后他突然心思一动，模模糊糊地意识到父母虽然有矛盾，但他们仍然重视共同的孩子，因为亲情是无法割断、无法打散的。所以，孩子把父母聚到一起，并且给父亲和母亲各买了一台手机，母亲的那一台是红色的，父亲的那一台是黑色的，顺理成章地便引入了这个品牌。

我们不难发现，这个套路是神转折型文案，和之前的这种套路一模一样。区别则在于，这个时代的阅读习惯越发碎片化了，不一定要长篇大论地写推广文了。这种篇幅相对短小的形式完读率更高，宣传效果更好，流量也会更上一层楼。所以微头条星图所带来的创作风格变化，很可能代表着未来的流行风尚。这条微头条的最终数据是 16.6 万的有效浏览量，88 个有效点赞，奖励金额为 1500 元。以一篇不足千字的微头条拿下 1500 元奖励，可以说是性价比很高了。

他在社群将经验倾囊相授之后，便也带动了社群的很多伙伴参与其中。

能带动其他创作者一同变现的高手，便是新风口的引领者。他们不仅能为自己赚来更多收入，还能带动其他人，让大家一起在活动中受惠。所以，要站在平台的前沿，随时发现新的机会并带领其他人踏上全新的道路，去赚取前所未有的收益。

9.2.4 安全的底线高于流量

在今日头条的平台中，有无数爆款微头条的创作者在平台规则剧变后黯然退场。有些人被移出了“创作中心”，最后只能注销账号重来；有些人被封掉了“商品卡”功能，只能离开带货的平台；有些人则直接被封了账号，被迫和自己经营多年的 IP 说了再见。

微头条好比一把“文字利剑”，如果充满正气，则能斩魔除妖，弘扬社会正气；如果沾染了不好的习气，则可能搅乱社会。因此，要用好微头条这把剑，守住自己的道德底线。

不知有多少人，在高收益的诱惑之下丧失了理智来制造谣言获取流量。掀起公众舆论虽然能获取巨大流量，但最终会被查封账号，甚至触及法律，最后让剑刺向了自己。

因此，为了安全起见，要遵守社会秩序、社会公德及平台规则。

9.3 问答变现恒久远

今日头条中问答的门槛越来越低，几乎人人都有资格上手，无论在什么时候入场，只要舍得花力气，我们都有很大概率在这里满载而归。

9.3.1 问答变现的优势

在今日头条创作的诸多体裁中，问答的创作本身有一定的门槛（选题固定，篇幅较长）。这个门槛，意味着参与者的数量会比较少，那我们分到手的流量相对就比较多，总体的性价比会高一些。

问答的流量收益在什么水平呢？在 2021 年 7 月中旬之前，经常会出现 60 元 /

万阅读量的收益，高的时候会高到 70～80 元 / 万阅读量。2021 年 8—9 月的收益有所下滑，一万阅读量的收益降低到了 40 元左右，但仍然比微头条和图文强很多。而在进入 2021 年 11 月后，头条问答的单价又有所提升，现在已经回升到了之前 60 元 / 万阅读量的水平，但之后可能还会调整。

除此之外，头条问答的长尾流量非常充足。微头条如果两天内没有爆起来，之后就很难再爆起来了，它的流量寿命周期通常不超过一个星期。问答的流量周期远比微头条长得多，少则会持续推十几天，多则会连续推一两个月，甚至一年之后，个别问答的阅读展现量仍然会增加，这是微头条所不能比的。

今日头条中问答的机制和知乎中的问答类似，也是找现成的问题，然后在问题下面写答案。这相当于是去写命题作文，我们完全不用担心没有话题。而微头条、图文和短视频，都需要自己去选题来进行创作，所以问答的难度又低了一层。

所以我们做问答的优势已经呼之欲出了：钱多人少容易干，“长尾”助你来躺赚。那些不写今日头条问答的人，就要和今日头条的这份丰厚馈赠失之交臂了。

9.3.2 十分钟学会写头条问答的方法

下面讲解今日头条中问答的写作方法，按照以下步骤操作，即可掌握问答的写作技巧。

1. 学会选题

如果我们决定要写头条问答的话，必然要先选出合适的问题，再给问题写出答案。不少人觉得问答选题是非常难的，需要花大量的时间。其实选题根本不花费时间，好的问题不是“找”来的，而是用手段“偷”来的。只要关注自己所在领域的答题达人，跟着他们回答就可以了。

我们可以在今日头条 APP 里，把问答加入“我的频道”中，然后在首页坚持刷问答，看到赞数高评论多且又是自己领域的回答，就点进这个创作者的主页，看看这位达人是否在持续产出高赞答案。如果是就关注他，并从他的关注列表里找出更多合适的问答创作者，然后再一一点击关注。从这时起，跟着这些人答题就可以了。

如果不想跟着这些人走，那我们就只能按照数据来筛选问题了。我们可以先选出自己能回答的问题，然后重点筛选出收藏数超过 500，总阅读量超过 200 万的题目来。对于这样的数据，起码能证明这个问题是有人关注的。选择在这样的问题下面写回答，比在普通问题下写回答更容易出爆款。

2. 正文写作

过了找选题这一关之后，我们就要开始正式写回答了。

我们能写的回答，要么是纯粹的专业知识的科普，要么就是“故事 + 观点”型的生活类内容。专业知识类的问答很容易同质化，因为专业知识是不能凭空捏造的，它不能有任何的争议，必须是唯一性的，所以答案会相似。而且专业知识的回答，创作起来要查询大量的知识文献，非常费时费力。

“故事 + 观点”型问答的优势就很明显了，素材几乎是无穷无尽的，而且我们可以根据需求来自由演绎内容，创作难度比专业知识的回答简单很多。我们在本小节讲解的创作技巧，也是以这种类型为主。

当我们选好题之后，要做的第一件事情就是“继续问下去”。比如回答“你见过酒量最大的人能喝多少”这样的问题，如果采用“继续问下去”的方式来回答，那就可以问出以下的问题：为什么会喝这么多酒？为了谁或为了什么事才喝酒？能喝多少这个量是怎么测出来的？喝这么多酒有没有发生事情？发生了什么事情？

原本只是一个问酒量大小的问题，经过继续问下去之后就发生了改变，变成了很多延伸问题，素材一下子就丰富起来了。

当我们完成第一步之后，我们便已经有了一个大概的回答思路，接下来就要开始展开内容了。我们还是按照“开幕雷击 + 内容展开 + 观点总结”的套路，来完成这个完整的流程。

开头写作：150 ~ 200 字。在这个部分，一定要把问答中最大的冲突、悬疑提炼出来，然后密集地堆叠在开头部分。虽然这个部分只有一两百字，但它最能吸引读者关注，需要我们付出最大的精力去优化。

内容展开：用 300 ~ 400 字交代故事人物的背景，再用 1000 ~ 2000 字的篇幅，叙述整个故事。这是吸引别人读完全文的关键步骤，一定不能马虎。

观点总结：平台打压一切纯故事内容，这个步骤主要是为了逃过平台的管制，所以需要花费 1000 字左右的篇幅，来进行论述和观点总结。

不管遇到什么问题，都只需要列好这个框架，然后把素材填充进去就可以了。

写完问答之后，除了进行梳理修改之外，我们还要对内容进行精细排版。毕竟我们的问答动辄两三千字，如果不把排版做好，读者在看时会觉得非常累。所以，我们要用一些小技巧来把整篇问答打碎，从而确保读者读起来更轻松。比如说，用小标题把问答分隔开来，用配图进一步降低读者的视觉疲劳，并增加一些视觉冲击力。另外，还可以把重点内容加粗或添加下划线，从而确保读者能过滤掉不太重要的内容，并以更大的概率读完整篇故事。

此外，创作问答的心态要平和，一定要能熬得下去。我们写问答通常是靠爆款吃饭，一个爆款问答是可以吃很久的。如果我们持续按优质标准创作问答却没有流量，那不一定是自己的问题。我们要做的事情，就是不断复制前面讲过的套路，然后把创作问答这件事坚持下去，总会做出爆款。

9.3.3 时间管理实例：带娃挤时间写问答，也能月入千元

下面以笔者社群中的某个成员为例来讲写问答方面的时间管理。

在拆书稿时代，她写过 450 元 / 篇的拆书稿，也写过 3000 元 / 篇的拆书稿，笔者一路见证了拆书稿时代的兴盛和衰落。

在青云时代，她最高的记录是一周中了 4 篇“青云计划”奖励。

在带货时代，她一条微头条赚过 1 万 + 的佣金，累计靠带货赚取了数万元的收益。这在社群参与带货活动的这群人里已经算是佼佼者了。

她的真实经验告诉我们：靠写作月入过万一点都不难。有时候，在金钱的激励之下，人可以变得非常勤奋，半夜两三点爬起来写稿那都是常有的事。虽然我们经常会在社群公布新发现的风口，但真正能抓住这些机会的人，终归还是占极少数的行动派。所以，大部分人只是勤勤恳恳写作。但人的时间和精力是有限的，如何分配好时间并坚持下来呢？

这位成员是一个全职妈妈，除了每天要照看孩子，还要处理家里的日常琐事，比如买菜做饭、洗衣拖地等。全职妈妈看似在家很轻松，其实她们很少有自己的

时间。

有的全职妈妈就只是带带孩子就已经焦头烂额了，再加上还要负责全家的饭菜，就显得特别紧张，就算如此辛苦，也是没有自己的收入。当需要花钱的时候，伸手向丈夫要钱，如果有体贴的丈夫还好；如果丈夫不够体贴，要钱的时候，总会觉得没有底气。

所以，很多全职妈妈虽然不用去上班，在家辛苦地做着全职工作，心里还要想着如何赚钱。幸运一些的会有门路可以找到一些赚钱的方式，比如微商、写作等。微商虽然也能赚钱，但有时候要硬着头皮去推销，有些人可能会觉得自己性格不适合而坚持不下来。而写作则适合每一个人，不用费心去推销，只要用心写出优质内容并掌握些运营技巧即可。

下面我们要讲的这位成员，她靠写作至少月入上千，偶尔还能拿到单篇上万的收益。

这位成员在家庭中也是有很多琐事要处理，没有大块的时间处理自己的事情，但她却坚持下来了写作这件事。虽然有的时候她也会没时间去写，但大部分时间都能更新。同样是全职妈妈，她是如何在有限的时间内完成写作的呢？

通过了解可以整理为以下几点，读者在时间管理方面可以进行借鉴。

①边干活边思考：因为没有大块的时间，所以通常会边干活边思考，比如洗衣服或者做饭时，虽然手会机械地进行操作，但是大脑却不会停止思考，这时候就可以发散自己的思维，想一些与写作有关的思路，在脑海里构思好，形成一个大的框架。

②碎片化时间整理要点：等到腾出手来的时候，比如孩子睡觉时，要把刚才的想法及时记录到笔记本或者手机上，以免灵感消失后想不到好的思路。如果这块碎片化时间稍微长一点，可以将整理好的思路进行完善，围绕框架展开详细的构思。

③大块时间进行输出：这个大块时间通常是指晚上把孩子哄睡后自己还没睡之前，这时就可以拥有自己的一段自由时间了，在这块时间里，我们要打开之前做好的笔记和素材，根据之前的思路和框架，进行整体内容的整理，然后进行输出。在输出完，要记得再做一件简单的小事，那就是找好自己下一篇想要回答的

问题。然后带着这个问题去洗刷即可。

④入睡前整理下篇思路：洗刷完躺到床上不可能一闭眼就睡着，所以在入睡前可以想想下一个问答的思路，为下一篇要输出的内容整理好相关的框架和可用的素材，方便的话也做好相应的记录。

因为全职妈妈的时间比较碎片化，大体上按这个方式来管理自己的时间即可。但是在管理时间的同时，一定要想好自己擅长的领域，这样在思考的时候会比较容易些。

9.3.4 高效爆款实例：三篇问答爆赚五千元的经历复盘

本小节依然以笔者社群中的成员为例，来讲写问答的复盘。

笔者在 2021 年的 10 月份开了个问答训练营，当月该成员连续写下三篇爆款问答，累计赚到了约 4500 元的流量费，如图 9-8 所示。此后 11 月份里什么都没写，居然还有 3700 元的收益。这些收益，就是这些问答带来的长尾收益。

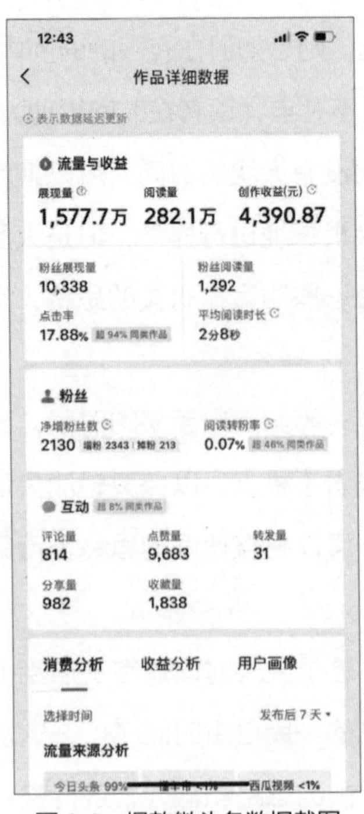

图 9-8　爆款微头条数据截图

她的问答也采用了前文提到的“故事 + 观点”的结构，内容从属于泛情感类问答。她找选题的标准包括两个层面，除了社群课程分享里的硬性标准外，最重要的一条就是“自己有话可说”。所以我们在选择问题时，就可以根据问题的阅读量和收藏量，先去选取 3 ~ 5 个问题，然后根据问题写下自己的思考和感受，再根据这些思考和感受构思内容的情节。

这样做的好处就是，能让自己尽最大的努力去挖掘故事的内容。只有故事饱满，情节精彩了，读者的心才能被抓住。

就自媒体创作者而言，无论是基于自身的经历取材，还是通过自己的观察结果取材，应该都是不缺素材的。毕竟每个人都有很多经历，无论是求学，还是求职，或者是社会见闻都会有很多素材，只要将这些素材进行整合梳理，写个几千字的故事会很容易。

很多选题领域没有标准答案，每个人的成长环境、人生阅历不同，哪怕面对的是同一个问题，每个人也会有不一样的感受。所以选题除了要自己有话说，有故事可讲外，还要让读者有话说，有参与感。做到这一点之后，互动的数据就能提升，推荐量和收益数据也自然随之提升了。

以成员的问答选题“当一个人熬过了最艰难无助的日子后，会变成什么样的人”为例，这个问题本身就是公说公有理、婆说婆有理，每个熬过来的人，心境都会不一样。有人会依然心存感恩，他们会感谢生活的历练，感谢贵人的支援；也有人会经历一段所有人都躲着自己、冷眼旁观，甚至是嘲笑自己的日子，从而在这个阶段看清人情冷暖。这个话题本身就是模棱两可的，却又是真实存在的，而且是每个人都有可能遇到的问题。所以，有些问题本身就带有流量，容易成为爆款问答。

该成员在故事中提到失业、借钱、家庭矛盾这件事，因为很多人有过同样的经历，所以很容易引起共鸣，评论区就这么热闹起来了。

这篇问答在 6 小时内得到了 55 万的展现量。在两天后的国庆节当天，推荐量就已经突破了 150 万。接下来的几天中，这篇文章的数据突破了 600 万。截止到 2021 年底，这篇文章的阅读量达 148 万，点赞为 1 万 +，单篇收益高达 5600 多元，如图 9-9 所示。

除了找选题要有技巧之外，我们也需要在写出回答的正文之前，根据选题整理出自己的想法或感受，再结合自己平时积累的素材，尽可能提前确立自己的观点，然后根据观点来构思故事。

这样做的好处是，可以在一个看似简单的问题中，思考出多种不同的想法，然后淘汰太过平平无奇的观点，从而让文章的观点显得更为独特，这不仅能避免同质化严重的问题，还能增加内容的推荐量。

在后自媒体时代，我们的内容需要符合主流价值观，而且观点要客观中立，不要轻易带有个人情绪，就算有情绪，也优先选择积极向上、鼓励人心的内容。除此之外，有时我们的观点需要适当模棱两可，尽量给读者留个破绽，不然读者就要无话可说了。

这里以该成员的问答“五十岁了，人生突然清零了，你有什么要说的”中的观点来举例。这一篇虽然数据不是最好的，但是单价是最高的。仅仅 6 万多的阅读量，便得到了 300 元的收益，如图 9-10 所示。

图 9-9　情感问答收益图一

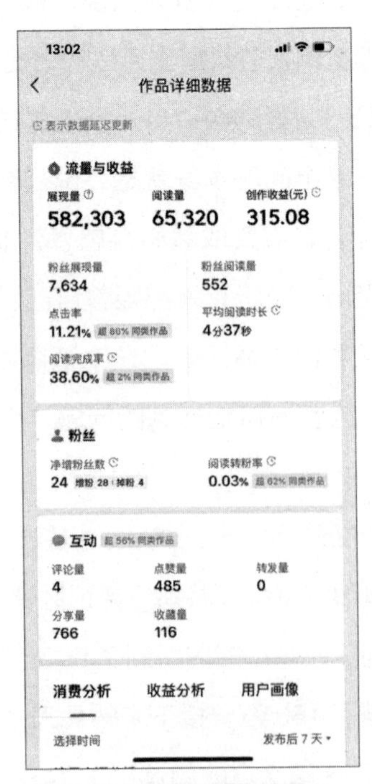

图 9-10　情感问答收益图二

下面我们回到问题本身，人到了五十岁失去一切，有人觉得解脱，有人觉得生无可恋，无论哪种都好，我们做内容创作的，都要去鼓励读者相信“一切发生在你身上的事，都是为了成就更好的你”。

该成员在这篇答案里写下了小姨从海外辗转回家的故事。通过故事中小姨前后状态的对比，最后留下了这样的感慨“感谢当初那场意外，可能老天用这种方式让我回家，让我落叶归根吧”。这里想传达给读者的信息是：“人生的每一场劫难，或许都是另一个问题最好的答案，人生没有一帆风顺，因为活着就是生活最好的答案，真正的结局永远在最后，不要轻言放弃。”

小姨临终留给文中“我”的话，其实就是留给各位读者的话，鼓励读者“只要好好活着，人生没有过不去的坎”。这就是故事结尾总结的观点，为后面的观点和文章主旨做了铺垫。这几个观点既符合主流价值观，也能温暖人心，更重要的是，它是随着故事的剧情发展自然总结出来的，不会让读者觉得突兀，读者也更能接受。

至于让读者有话说这点，肯定会有读者觉得小姨这是熬出头了，所以才会这么说，但故事中妈妈为小姨所做的一切都成了读者的谈资。关于亲情、友情、爱情和金钱、困难的关系，永远是人们聊不完的话题，大家各有各的经历，各有各的感受，自然就会主动留言。

除此之外，我们还需要升华文章的主旨。这部分除了可以提升文章的质量之外，还能增加读者的共鸣，从而促进读者的互动。只要能给出一些“特别的价值”，就能获得平台青睐，从而更容易得到推荐，加上读者的高频互动，数据就会更上一层楼。

升华主题的首要原则，终归还是要符合公域平台的主流价值观。简单说就是倡导“真善美”，鼓励大家在认清生活的真相后，仍然一如既往地热爱它。这种“上价值”的内容通常比观点更温暖人心，也更能让读者产生共鸣，这种情绪价值有时候比实用价值的用处更大。

上价值的总体原则是：切忌假大空，切忌文绉绉，切忌文不对题。读者刷头条是为了休闲娱乐的，不是来听作者说教的，更不会费脑子去想太多。我们要用读者的语言，去说他们听得懂的话，在有趣的“八卦故事”中，以价值温暖他们的心灵。

接下来再以该成员的一篇推荐量为 242 万的问答“戒烟成功后，你真的快乐吗”为例进行分析。文章写的是一位有 8 年烟龄的单亲妈妈，因为家庭压力较大，所以染上了很重的烟瘾，这对儿子造成了很大的伤害。后来妈妈为了帮助儿子戒掉游戏瘾，也为了治疗孩子的抽动症，最终走上了戒烟的道路。该文收益数据如图 9-11 所示。

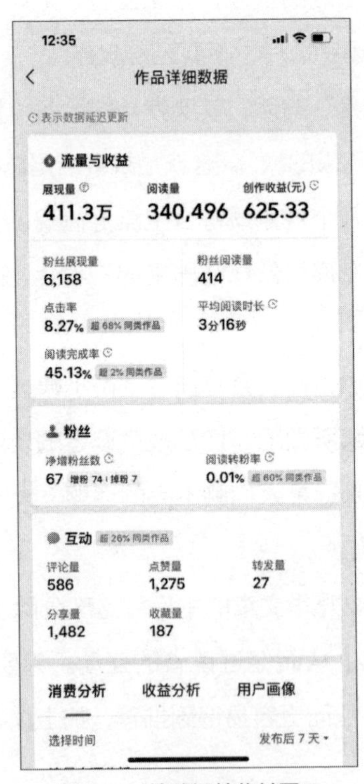

图 9-11　情感问答收益图三

这篇文章的价值，不是为了歌颂母爱，而是为了表达“女性自律”。因为只有更自律的单亲妈妈才能更好地培养孩子。所以这篇问答从故事开始，顺理成章地点出“戒烟等于自律”的观点，再从自律这件事进行深刻的自我反思。因为不够自律，造成了如今不太好的生活状态。这便将戒烟上升到了生活态度的层面，从而找出了问题的实质所在。针对这篇文章，有人认为是自律，有人认为是母爱本能，在评论区留言的很多，达到了与粉丝的互动效果。

总而言之，我们要带着一颗满足读者的心去选题；带着一颗敬畏平台的心去确定观点；带着一颗温暖激励读者的心抬升价值。最终写出一篇来源于生活、又高于生活的问答，从而让读者津津有味地看完。

9.4 一切终将归于长文

今日头条的主流变现载体有三种，那就是微头条、问答和长文。长文的篇幅与问答近似，比微头条的篇幅要更长一些，但它比网文小说、剧本杀这些产品要短小很多。

长文曾是新媒体时代的主流输出形式，如今也未曾落伍，所以它仍然值得我们去学习。

9.4.1 长文变现的五大优势

微头条的优势是轻便灵活，篇幅较短，主题鲜明，写起来容易读起来也方便；问答的优势是可以不用自己找话题，别人早就给我们列出来了；长文的独特优势，则是微头条、问答等形式所不具备的，它主要包括以下五点。

- 可灵活使用商品卡：微头条只能插进一个商品卡，在写带货微头条时无论怎么发挥，最后也只能落脚在一个商品上。问答这块也曾经有过类似商品卡的功能，但是那个功能不太友好，挂上商品几乎分不到流量，最后就很少有人去用它了。但长文可以根据需要插入好几个商品卡，也可以在同一篇文章内推广多个产品。一篇长文就相当于一个独立的杂货铺，可任由大家在其中选取货物。这个优势无疑是微头条和问答所无法具备的。
- 多标题赚取流量：微头条只能有一个开头，问答的问题是固定的，但是长文有一个多标题功能，一篇长文可以同时挂上五六个标题，然后把它们一同发出去，哪怕你 6 个标题里有 5 个标题的数据都不好，但只要有一篇的数据好，那也可能会让这篇内容成为爆款。

此外，在写作形式里，只能用一次“开幕雷击”效果，但一篇长文可以同时触发好几次这样的效果，这是其他平台的任何内容都不具备的独特优势。

- 表达观点更从容：有些观点是没法一两句话讲清楚的。如果写微头条的话，恐怕在有限的篇幅内很难讲明白。如果写问答的话，恐怕又很难找到很合适的问题。既然如此，它最好能以长文的形式出现，既有足够的篇幅来阐述观点，又不必和别人的问题强行挂靠，表达观点也就更为从容了。
- 收益稳固：在今日头条中，微头条收益、问答收益和长文收益这三者的数据，属于是此消彼长的。在这三项收益里，长文的收益始终维持在较高的水平层次中。如果有充足的选题，能供养足够数量的长文，能获得的收益也是很可观的。
- 方便“一鱼多吃”：很多主流的分发平台如百家号、一点资讯、大鱼号之类，甚至包括微信公众号在内，它们的主流输出形式全都是长文。所以写在头条号上的长文，就可以无缝分发到其他平台上去。微头条分发的时候，需要做一些改动，否则大概率会被限流。问答分发时，还得单独起一个标题，并且要修改开头和结尾，让它的口吻从“答案”变成一篇“长文”。所以分发微头条和问答内容，远不如直接分发长文方便。

9.4.2 长文引流有技巧

长文的收益包括带货收益、引流转化收益和直接流量收益，其中的带货收益和引流转化收益都属于主流的变现项目。爆款的直接流量收益的门槛较低，每个作者都可以进行尝试，但它的变现金额远小于前两者。所以，如果想获取高收益，还是以另外两者为主。

前面展示了带货的收益和创作技巧，这里将重点展示另一种高收益方式，也就是通过长文进行引流的技巧。

以长文“从车间工人到全职作者，我是如何完成跨界的”为例来讲解长文引流的技巧。标题里透露出的信息是从车间工人的身份一路成长为全职写作者的全过程，这看上去是一种“异常”的路径。而这种“异常”的进阶，正是吸引读者进来阅读的最大动力。

这篇文章源于知乎上的一个问题，笔者在知乎回答完那个问题的时候，将它同步到了今日头条上，变成了长文。这篇长文采用了四个小标题，段落清晰，观点明确，看起来很有积极的影响力。

标题一后面的内容，用简短的篇幅高度概括了“我”近几年的经历，包括“我”近四年来的职业变化，以及副业的开拓历程。内容简短，语言凝练，避免了啰唆，以免打消读者往下阅读的兴趣。并以过往的经历为铺垫，引出了一个全新的问题：究竟要怎样去做，才能找到一份相对靠谱的好工作？这个问题的答案，才是大家普遍关心的内容。

标题二后面的内容，针对上面这个问题给出了答案。那些招聘网站上的工作岗位，对自己来讲未必是最好的工作岗位，真正的好工作是适合自己又有长远发展的，而找到这种工作往往要通过优质的圈子。一个人能否加入一个优质圈子，在于他是否愿意打破自己现有的社交桎梏，并主动走进全新的世界中去。

标题三后面的内容，直接讲的是“我”对副业的看法。因为“我”现有的圈子完全是基于副业出现的。在社会变化很快的情况下，主业未必靠得住。因此，要想保住自己的收入或者实现财务自由，最好要有一份副业，这便是我们开辟副业的必要性。

标题四后面的内容，是最终的论点，把前面的几个观点做了个总结，那就是敢融入优秀圈子，多尝试副业，以及在众多的尝试中做好选择。前面情节中有失败，有成功，有铺垫，有转折。结尾有观点，又有建议，符合读者实际需求，能起到实质性的帮助作用，因此就会有点击。

这篇长文的数据如图 9-12 所示。

阅读量只有 4 万左右，这个数据似乎并不起眼。但笔者收到的私信却很多，并且有很多人关注了笔者的微信公众号，引流效果非常好。

通过长文引流其实也很简单，下面归纳一下引流技巧。

- 话术要点：在今日头条中引流时，不允许公开留下微信、电话等联系方式。如果频繁发送这类内容，就很容易被平台限流，甚至封号处理。所以我们所用的话术，最好是引导对方私信我们，这样我们可以精准定位路过的粉丝。
- 自动回复：私信我们的人可能有很多，如果要一个一个手动回复，那无疑是一件非常辛苦的工作。我们可以设置一个简短的自动回复，这样可以省掉大多数的回复工作。如果有少数人做了追问，我们再追加回复也不迟。

- 持续输出：如果一篇内容没达到引流的目标，就继续输出下一篇。只要坚持输出，要想得到可引流的爆款内容，不过就是时间问题而已。

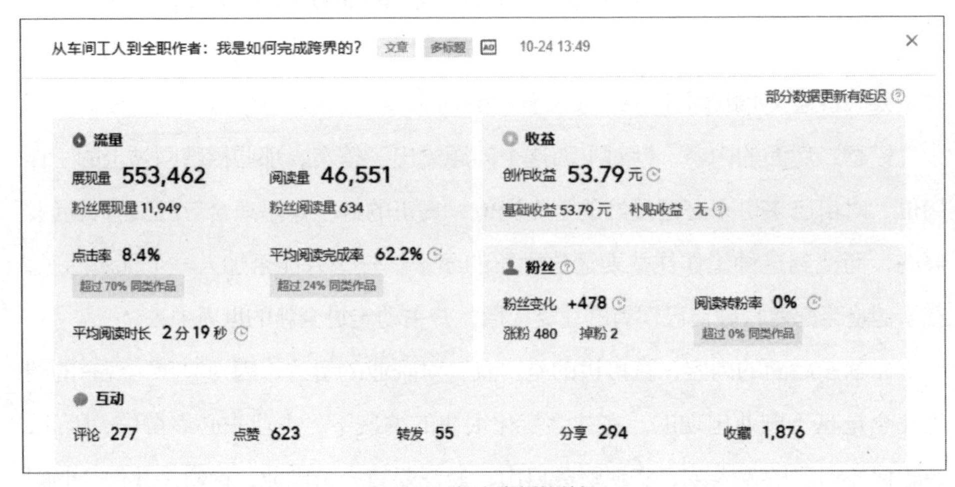

图 9-12　长文案例的数据

在写引流长文时，我们不用玩任何文字游戏，也不要虚构任何价值，在互联网时代，这种盲目吹嘘的行为都是隐患，它们随时可能会成为我们“暴雷”的导火索。只有真实并且真诚的分享，才能以价值带来长久的流量。

第十章
小红书运营与变现实践

小红书是一个生活方式平台和消费决策入口，注册账号之后，可以以文字、图片、视频笔记等形式分享美妆、个护、家居、旅游、酒店等，涉及消费经验和生活方式的方方面面，是一个分享价值极高的平台。在这个平台上，拥有一个粉丝上万的账号就是一个不错的账号，能大概率获取收益。

10.1 小红书的高变现价值

小红书这个平台自从问世的那天起，它的定位就是“消费”，这种基础的属性，直接决定了这个平台的非凡价值。无论是选择引流变现，还是以“生活家”的身份接广告变现，在运营的过程中都会发现小红书这个平台的粉丝价值要远高于其他的平台。

10.1.1 小红书的独特优势：一切为消费服务

按照百度百科的定义，小红书是一个生活方式平台和消费决策的入口。人们来到这个平台的目的，就是来寻找消费建议的。早期，这个平台就是女孩子们的美妆购物小助手。后来平台的用户增加了，这里的内容也逐渐丰富起来，多了很多种类，有很多知识博主在这里崛起，但“消费指南”的基调并未发生变化。

一个平台的粉丝价值高低，直接取决于该平台的主流风潮。小红书这个平台的主流风潮就是“帮助你更好地消费”，这里的用户主要是想通过这里买到有价值的产品。所以，我们在这里输出内容的唯一目标，就是认真展示自己的价值。只要能充分展示出自己的价值，自然就会有相关需求的人进行付费。

小红书的另一个优势，则是拥有一套完整的变现流程，即便是小博主也有变现的机会。小红书是电商平台和“种草”笔记齐头并进，两者形成了完整的商业闭环。

可见，小红书是一个懂消费的平台，它的消费链也是一环扣一环的。但凡是能促进用户消费、博主获利的路径，平台都会花大力气将其打通。为了帮助小博主进行变现，平台甚至会给出对应的扶持与服务，从而让他们得到更高的收益。

如果想在小红书上引流变现，将会是一个非常明智的选择，因为造访这里的大多数用户都有着明确的消费需求。我们只需顺水推舟，便能以与其他平台同等的粉丝量，在这个平台赚取到远高于其他平台的收益。

10.1.2 就地变现的机会：普通作者也能接付费广告

如果没有自己的产品，也不愿意分销别人的产品，那么是否有望在小红书靠接广告变现呢？答案当然是肯定的。但不要盲目乐观，有些大博主一条广告能收入几万块，甚至收入几十万块。每当看到这样的内容都会以为小红书运营很轻松。虽然轻松是轻松，但如果没有目标，想到什么就是什么，也是不现实的。因此，要给自己定一些触手可及的目标。毕竟在这个时代，莫说是小博主了，就是刚入平台不久的新手创作者也有接广告的机会。现在的公关平台投放广告的时候，会同时关注粉丝数量和实际数据。所以就会出现这种现象：一个低粉博主的爆款广告收益，往往会超过一个万粉博主的普通广告收益。与其梦想着成为百万级大博主，还不如脚踏实地，先以小博主的身份把数据做好，这才是脚踏实地的进步。

现在小红书平台也会将流量分配到很多中小博主的身上，而这些流量，也就是我们未来即将赚到的广告收益。因此，小红书平台也是属于每一个普通作者的机会平台。

10.2 从零开始建设小红书账号

小红书本身没有任何直接收益，必须依靠推广、引流等手段来完成变现。如果想做这两件事，就必须拥有一个鲜明的 IP。折合到具体的工作上，那就是要认真建设内容和账号主页，本节重点讲解对标账号、创建账号的工作。后续再重点讲解内容的打造。

10.2.1 选择合适的领域

在找对标账号之前，我们需要先初步敲定创作领域。如果已有成型的产品，可以按照前面讲的以产品确定领域，再根据领域输出内容的顺序，来确定自己最终的创作领域。

如果没有产品，则优先考虑刚需职业，其次考虑兴趣爱好，然后考虑图文书评，按这个顺序，来为自己初步确定创作的领域。总体的思路，与今日头条、知乎还是颇为接近的。

有一类博主属于小红书独有的类型（其他平台仅供分发），可将其概括为日常类博主。这类博主的每一篇内容都在晒自己的日常生活，有人用唯美的画风晒一日三餐和健身，有人晒的是一天生活的精编版，有的人晒的是考研、考公的日常。如果愿意分享自己的生活细节，也可以直接走这条支线，这个领域流量很高，且在小红书很受欢迎。

当大致确定好自己的领域之后，我们就可以开始挑选一些合适的博主，并对其进行对标了。

10.2.2 挑选适宜的博主

在小红书平台中挑选对标账号的思路很简单，就是前面提到的“头万三”。“头”指的是主运营今日头条，“万”指的是 1 万 ~ 5 万粉丝的博主，“三”指的是近三个月内有爆款。我们在小红书挑选对标博主的时候，也要采取近似的思路。

当我们在小红书就地找博主时，也需要关注博主的粉丝体量。粉丝量过少的博主缺乏代表性，所以不太值得我们拆解；粉丝量过多的博主，大概率赶上了我们无法复制的机遇，拆解起来意义不大。所以，我们仍然选取 1 万 ~ 5 万粉丝且领域符合我们要求的小红书博主进行重点拆解。除此之外，这个博主也需要在三个月内有千赞爆款，这说明该博主并未过气，是值得我们观察了解和学习的。

而下一步，我们要从分析对标博主的主页构造开始。

10.2.3 分析主页构造

我们在注册小红书账号时，尽量与其他平台统一账号的头像和名称，账号名称尽量不要夹杂字母和数字，也尽量不要有生僻字。这些在其他平台也有介绍，这里就不再赘述了。

值得一提的是，这个平台的很多博主都会用几行文字简明扼要地介绍了自己所能提供的价值。我们也要仿照这种简洁明快的方式，来为自己写一份简介，如图 10-1 所示。

图 10-1　简介示意图

图 10-1 中头像的下面是 5 行字的个人简介。一般来说，多数博主都会把个人简介控制在 2 ~ 4 行，读者在实际操作的时候可以自行精简。

第一行是笔者的签约作者身份，用的是小红书比较流行的竖线分割法。在创建小红书账号时，如果有很多待列举的个人资质，也可以用竖线来分割。

第二行是笔者的签约讲师身份，同样用的是竖线分割法。这前两行的身份，对于个人品牌来说可以是一种正面的加成，如果有都可以加上去。

第三行是邮箱，小红书允许每个博主光明正大地留下邮箱，所以这一行是一定不能省略的。

第四行仍然是个人微信。小红书平台一般也是不允许在个人简介中出现个人微信的。如果账号添加了个人微信的，那么个人说明部分将会被折叠起来。笔者的也是如此，只有前两行的文字是可以正常显示的，其余的内容都被折叠了起来，必须额外点击一下才能看到。但是添加了个人微信号后，引流的成功率会更高一些。

第五行是微信公众号。小红书对微信公众号的管制相对松一些，在这里可以将“公众号”换成相似音的词。

这几行的个人介绍的作用有两条：一是要讲清楚我们的价值是什么，尽量要具体点；二是要留下联系方式，让别人知道怎么联系到我们。账号的主页部分做到这两点就足够了。

10.2.4 分析具体的内容

创建账号只是一方面，内容要远比账号重要。我们在对标别人的笔记之前，第一步就是要摸清博主的变现路径：到底是靠售卖产品变现（以垂直的内容推某类产品），还是靠接广告变现（有易于辨认的广告商单）？如果在这个过程中涉及引流，那这个博主是怎么操作的？这些细节都是值得我们学习的地方。

接下来，我们就该关注笔记本身了。每一个能被我们看到的大中小博主，他们绝大多数的粉丝都是靠少数的几个爆款吸引来的，这是自媒体界的“二八定律”。在研究他们的笔记时，我们只需重点研究爆款笔记，其余的内容简单看看就可以了。

在研究笔记时，笔者通常会按照以下的维度进行分析。

- 粉丝数：按照前面的准则，我们要重点关注粉丝数为 1 万 ~ 5 万的博主，这是我们有望企及的水平。所以需要在爆款笔记拆解表单中，列出笔记原博主的粉丝数。
- 标题：一个有吸引力的笔记标题，直接决定了这篇笔记的打开率。我们前面反复提到的“开幕雷击”效果，在这里照样是能够派上用场的。

- 封面字样：小红书笔记的封面图及封面图上的几行文字，有时候比标题更有用。可能别人还没来得及看到标题，就先一眼瞄中你的封面文字了。这里的内容，也需要遵循“开幕雷击”的原则。封面和标题就是单条内容的门面，因此我们需要弄清楚一件事，就是在别人第一眼看到我们的封面和内容时，能在一瞬间内捕捉到哪些信息？我们的笔记比那些爆款差在了哪里？明确这一点之后，我们也就清楚了改进方向，也就距离出爆款不远了。
- 内容梗概：我们的封面和标题，决定了别人会不会点进来看，但别人看完之后，是否愿意点赞、收藏或者关注，终归还得看内容有没有价值。所以，我们在分析爆款笔记时，也要关注对标笔记的内容和观点，看看别人的长处是什么，自己在写内容时可以进行参考。

把以上的信息综合到一起，就是打造一篇爆款笔记的全流程，即先把读者吸引进来，再给他们提供超乎想象的价值，最终收获阅读量与互动量。而我们未来所打造的每一篇笔记，最好都要按照这个流程来进行。

10.3 从小白到万粉：我的小红书初体验

前面我们重点讲解了账号的拆解，以及个人小红书主页的建设技巧，本节将重点讲解内容的创作技巧。

10.3.1 从零基础到第一次接小红书广告单

笔者以自身经历讲解下在小红书的体验。笔者于 2020 年加入小红书，目前拥有万余粉丝。开始是看到小红书的运营在招募知识博主，于是在社群带领三百成员参加。现在这些成员出了好几个万粉博主，但大多数人只是本着“进群了就等于拿到资源”的准则进了交流群，然后就再也没做过一篇笔记，无疑错过了一个难得的机会。

小红书的流量扶持风口往往都是跟着项目走的，如果想把自己的账号做好，就一定要适应“立刻出内容”的活动节奏，绝不要幻想着“等有空了再来参加”。如果真要等到有空了，项目十有八九也该结束了。

参加官方活动只是一方面，认真打磨日常内容才是重点。众所周知，小红书的绝大多数用户都是女性。女性天然对色彩、视觉效果这些元素更敏感，所以我们在制作内容的时候，必须要认真考虑她们的审美。因此，在制作小红书笔记时，要考虑封面、字体、版式等，画风可爱的通常会更受欢迎。

笔者在做小红书的过程中遇到了一个问题：我自己可以通过做知识付费、售卖课程等形式来变现，但跟过来的几百号人却并不一定能够复制我的成功，他们又该怎么办？

所以我们决定用自己的账号尝试以接广告的方式进行变现。

在运营了一段时间之后，接广告的机会来了，在图 10-2 中能发现哪篇是广告笔记吗？

单看笔记的封面，恐怕很难猜出哪篇是广告笔记，因为这所有笔记的封面是统一的，连广告也不例外。实际上，图 10-2 中右上角的笔记为广告笔记。

图 10-2　被掩藏起来的广告笔记

这种合集类的内容，在其中穿插一条广告并不影响整体效果，访客在看其他笔记时，看到这条广告也不会觉得反感，相反，可能会正符合他们的需求，所以这样在合集中隐藏广告的笔记形式是非常容易出高赞爆款的。这篇隐藏式广告笔记的收益，是笔者在小红书赚到的第一笔广告收入。这种变现没有什么门槛，任何普通创作者都可以直接接单。

10.3.2 小红书中艰难的万粉历程

做自媒体账号的主流变现方式有三种，要么是接广告，要么是带货（分销实体商品），要么是做知识付费。小红书平台中的博主的主流变现形式也是这三种。

无论我们在哪个平台做个人品牌，必然都绕不开引流这一步。下面重点讲解在小红书中引流的技巧。

下面分享笔者在小红书中做到一万个粉丝的经历。

笔者前后花了近 1 年的时间才在小红书做到了万粉，这个涨粉的效率有点慢。主要是因为封面做得丑，又没赶上容易出爆款的时机，但粉丝仍然能破万，归因于内容是有价值的，下面以几篇千赞爆款笔记，来分析这些笔记的内核价值。

第一篇爆款案例的标题为“写作变现的 10 个残酷真相，助你认清现实”。这也是笔者的首篇千赞笔记，引流到了第一批粉丝。封面是前面提到的合集中的封面，作为合集内容，穿插广告会更容易引流。

说完封面，再来说说内容。在任何平台，都不缺写作变现的作者。

通常，大家在写作时会顺着别人的思维去写，而这篇笔记是逆着大家的思维去写。有时候，人们会带着一种逆反心理一探究竟，这时正好中了我们的“套路”，实现了我们对账号的引流。

第二篇爆款案例的标题是“巧用碎片时间，把一天活出 48 小时”。里面的内容是时间管理经验分享。分成四条，不但层次清晰，而且让人一目了然，并且内容方面能解决读者的实际需求。

第三篇爆款案例的标题是“20 个免费创作素材神网站，助你轻松写出 10W+”，这类笔记属于典型的盘点式笔记。我们在做盘点式笔记时，只要认认真真地盘点一些内容，譬如推荐有用的网站，有用的 APP，或者优质的好书，这种类似工具索引，很容易帮到读者，所以这篇内容就大概率会成为爆款，而且会得到长久而持续的流量推荐。虽然容易爆，但这种盘点型笔记也是有缺陷的。毕竟大家更关注的是内容本身，而不是盘点者。因此这类笔记并不利于我们建设个人品牌，因为大家光顾着收藏笔记了，并不会对作者留下深刻的印象。所以这类笔记只能用来接广告，并不适合用来建设个人品牌。

第四篇爆款案例的标题是“授人以渔，拆书稿安全渠道大放送”。尽管这篇视频笔记的封面不好看，但它仍然成了爆款，主要是因为笔记内容提供了价值。内容的初步价值是有很多人喜欢拆书稿，这里直接把搜索投稿资源、鉴定投稿资源的方法教给他们，直接授人以渔。这篇笔记的核心价值，其实是打破了一种信息差，相当于给读者传授了一种过滤无用信息的技巧。

综上所述，小红书的爆款套路无外乎以下这几点：讨论大家普遍关心的话题，确保大家愿意点进来查看；给出新颖的内容，确保大家对我们留下足够深刻的印象；提供一些别人无法提供的价值，确保大家有理由关注我们。

10.4 小红书实际运营经历复盘

下面以笔者社群中的成员为例，讲解小红书的实际运营经验。

这位海淘博主佛系更新，现在也能月入过万。在她初入小红书的时候，原本的规划是做职场干货方向，结果接了一个海淘平台的广告，而且实现了流量暴增。因为有了流量，所以之后又接到了几十个海淘平台的投放邀请，结果一步步变成了海淘博主。毕竟海淘直接对应着消费，所以广告收入也比其他人丰厚得多。在旺季的时候，随便发发笔记就能轻松月入过万，淡季也能靠接广告月入四五千。

这条变现的路径是“博主跟着爆款走”的典型案例。其实，我们做自媒体的思路就该如此，“粉丝喜欢的内容”远比“我想做的内容”重要得多，他们做出的共同选择，也正是最高效、最正确的选择。

这位成员写爆款的思路和其他人大同小异，在此不再赘述。但她分享给我们的经验中，提到了和商家高效沟通的细节，这无疑是很独特且有价值的一部分。

很多初入小红书的伙伴在初遇品牌公关时，对方大概率会让我们自主报价，很多人直接就为难了，不知道该报多少合适。通常来说，一篇商业笔记的报价，大致是粉丝量的十分之一。但如果近期的数据非常好或者不太好的话，我们的报价数据也需要有所浮动。

例如，以万粉博主（其余粉丝数量的可按照比例自行增减）为例，参考数据如下：如果近一个月里，一百赞以上的爆款笔记数量超过 70%，或者有 2 ~ 3 篇点赞过千的爆款时，这算是中规中矩的数据，一般可以按照粉丝量的十分之一，也就是按照 1000 元来报价，或者在此基础上加 100 ~ 200 元，便于商家还价。如果近一个月数据表现不太好，一百赞的爆款概率低于 50%，那么报价可以酌情减少 20% ~ 30%，也就是 700 ~ 800 元。如果下个月笔记数据上去了，那么报价也就自然可以调高一些。

除此之外，因为制作视频笔记的成本比图文笔记更高，所以视频笔记的报价一般是图文笔记的 1.2 ~ 1.5 倍。折合到实际的数据上，万粉博主的图文笔记报价如果是 1000 元，视频笔记的报价则要调整到 1200 ~ 1500 元。如果从官方平台直接接单，那么提现的时候还要扣除 10% 的服务费，所以报价要额外再提高 10% ~ 20%。

在与商家洽谈的前期，我们要及时回应，合理报价。因为商家肯定不只会联系我们这一个博主，而他们手上的广告名额又是有限的，所以这时候谁回应的速度快，往往就能抢占先机。为了方便沟通，博主可以备一个详细的模板，一次性把数据都报给商家，从而大幅度节约沟通成本，这比问一句答一句强多了。这位成员常用的模板如下：

博主 1 月份报价

- 合作形式：单品推荐，图文视频皆可。
- 合作档期：除了 ×× 月 ×× 日，其他日期皆可。
- 报价：图文报备 1200 元，不报备 1000 元；视频报备 1500 元，不报备 1200 元。
- 授权：视频可免费授权使用 3 个月。

这个模板不仅清晰明了，而且会让别人觉得我们很专业，也像是个有经验的人。毕竟人人都怕麻烦，商家自然也是如此，他们也愿意找一个更省事的人合作。

当商家接受了我们的报价和合作方式后，就要开始敲定一些细节了，关于细节问题必须提前商量好，才能避免后期的麻烦。

在洽谈的后期，商家会给你一个需求列表，我们要根据里面的要求提前 3 ~ 5 天把初稿写好，交给商家审核，之后再根据商家的意见来配合进行修改，最后按时发布就可以了。整个过程表现得专业而高效，会让商家或者公关给我们留下好印象。

在掌握了报价和洽谈的技巧后，我们来了解一下广告笔记的雷区，毕竟小红书这个平台也很严格，也有很多需要注意的地方。

- 敏感词问题。比如涉及引流和营销类词语，如淘宝、天猫、京东、注册、下单、APP、邀请码、返利返现等，都是高危敏感词。如果能用谐音字就用谐音字，能用表情符就用表情符，能不出现就更好了。此外，如果没有专业资质的话，就不要用专业性的敏感词，比如抗痘、抗衰、美白、提高免疫力、细胞修复等，需要介绍到这些功能的时候，可以换一种更委婉的说法，比如气色更好了等。
- 广告植入方式。广告可以软植入，但不要强行推销。如果全篇五张图片里，三张图都是某个产品的特写，那么很明显能看出是在做推广。轻则直接限流，重则笔记直接被判定为违规。就算是用合集的方式推广，也要避免拉踩行为，如果为了推广某个产品，强行说它比其他的同类产品强，但凡有评定高低的行为，大概率也会被判定为违规。所以就算是做合集，也不要褒贬太过明显，描述起来也要注意分寸。

以上是这位成员在小红书中做海淘的运营技巧，与此相关的创作者可以进行借鉴。

第十一章 私域流量运营与变现实践

本章涉及的私域流量平台，包括微信公众号、微信个人号和微信社群这三种，其中的微信个人号尤为重要。它的历史地位，等同于20年前的移动电话，40年前的座机电话，虽然看似很普通的工具，但它们是信息交流的必经之路。如果不熟悉这些工具，我们的交流活动就会受到直接的影响，所以我们也要认真做好私域流量。

11.1 微信公众号的永恒优势

2019年之前的写作课广告，往往会拿微信公众号来给粉丝“造梦”。而在近几年的写作课广告中，拿微信公众号“造梦”的广告越来越少了。因为最近这些年几乎没有新成长起来的现象级微信公众号了。

2019年之前，隔三岔五就有新的微信公众号崛起，那个时代是做微信公众号的黄金时代。从2019年开始崛起的现象级微信公众号基本上是屈指可数的，从2020年开始往后，现象级的微信公众号基本上都找不出来了，所以用微信公众号改变人生的“造梦”故事，自然就讲不下去了。

既然如此，我们现在做公众号是不是有点晚了呢？答案是，一点都不晚。

11.1.1 微信公众号的价值在哪里？

我们做自媒体的目的，通常是传播自己的品牌、售卖自己的专业技能和优势。现在开始做微信公众号，就算我们做不出现象级的大号，也能通过微信公众号完成一些目标。

因为微信公众号这个平台在内容审核上是非常宽松的。只要发布的内容不违反法律，那无论打多少条广告也都没人管，这在其他平台完全是不可想象的。而且在这边的广告里，用户可以通过个人微信直接扫码支付，从而完成就地转化的流程，这也是其他平台完全不具备的能力。其他平台在支付的时候，要么需要先给账户充值，要么就得跳转到微信、支付宝这样的平台完成支付。这样的流程，远不如在微信系统就地支付来得方便。

所以，我们在创作公众号内容的时候，无须为了过审而遮遮掩掩，也不用和平台去玩引流的猫鼠游戏，在这足够宽松的平台氛围下，我们可以直来直去地提供任何价值，想留微信号就随便留，想放收款码就随便放，这一点是其他任何平台都无法比拟的。

11.1.2 零粉丝公众号，该如何写出 10 万 + 爆款文？

以笔者社群中的成员为例，这位成员在自己几乎是 0 粉丝的微信公众号上，接连写出了好几个阅读量在 10 万左右的爆款。

这位成员曾经是今日头条的情感类作者，在微头条收益的低谷期，开始做微信公众号。她在对标同款情感大号时，发现很多爆款公众号文都是篇幅比较短的文章，未必每次都要写出长长的一大篇，于是她把一篇情感微头条同步到微信公众号后，居然在微信公众号里爆出了 3 万的阅读量。

对于一个粉丝量为 0 的新号来说，这个数据实在是太惊人了。这篇爆文的标题是“男人最低谷的时候最想听的不是我爱你，而是……”，标题中设置了悬念，前半段表明了观点，后半段隐藏重要信息，加上一个省略号，让人有探索答案的欲望。这今日头条中是被禁用的一种套路，但在微信公众号这边却方兴未艾。此外，标题要设法和读者共情，并让多数读者认为它和自己有关。这就是藏在标题里的爆款密码，自带吸引流量的潜质。

按照这个套路，她又写了一篇“男人真正迷恋的女人，不是温柔漂亮，而是……”，同样是在标题中设置隐藏信息，让人有探索的欲望，文中她把自己设置为薄情男，试着从男性的角度看待女性，并从心理角度分析失恋的女性。无论是标题还是内容都完全符合以上的标准。这篇文章的最终阅读量是 18 万。

因为这位成员本身有心理咨询师的资质，所以她借助这波流量的风口，开启了付费咨询的业务，并走上了产品内容联动的变现之路。通过复盘这位成员的经历，不难发现，她在写作上掌握了一定的技巧，利用心理学对标题设置隐藏信息，以激发读者的探索欲，成功吸引到巨大点击量。此外，这位成员本身具有相关领域的资质。因此，在做微信公众号时，如果在某个领域有较强的能力，在做这块垂直领域时就会显得得心应手。如果在写作上又掌握了一定技巧，能靠标题和内容来提高曝光量，这对微信公众号的运营也会起到一定的补充作用。

11.1.3 微信公众号的流量密码

如果想在微信公众号上得到更多流量，就必须认真打磨单篇文章的标题和封面。我们输出这些内容的时候，还是需要按照前面讲到的“开幕雷击”的方式来操作。总体来说，微信公众号的写作原则要比今日头条、小红书等平台更加宽松。例如，在上一小节中讲到的在标题中隐瞒重要信息的套路，在其他平台很容易被限流，但在微信公众号这边却没有问题。至于未来的规则会不会有变化，我们很难预测，但现在我们需要抓住最后的风口期，并以这种常见的套路来给自己圈到最后一波流量。

如果按照常规的爆款套路来写文章，而且文章还得到了推荐的话，大概率就会成为爆款。如果文章得不到推荐，又该怎么办呢？我们就需要从另一个流量入口中给自己额外赚取一些流量，这个入口便是微信搜索栏了。

每天都有成千上万的人在微信搜索自己需要的内容，当然也有人会通过今日头条、小红书等平台去搜索内容，这同在百度中搜索一样。这样搜索的关键词便可以匹配出要搜索的文章，类似百度的搜索引擎优化。这样，我们在搜索栏中搜索我们文章的关键词，搜索栏便会搜索到我们的文章，然后点开阅读。对该关键词检索的次数多了，我们的文章将会被算法优先排到前面。当其他用户搜索这些

关键词的时候，就可以获取来自搜索栏的流量。其中的一部分读者便会被转化成为作者的粉丝。

总而言之，微信公众号这个位置的流量竞争是非常激烈的，但也是非常有价值的，因为它是审核最宽松且最适合完成转化的平台。所以我们要在标题和内容上多下苦功，一方面以足够“异常”的内容获得推荐流量，另一方面则以高热度关键词来获得搜索流量，最终将这些流量集中到我们个人的身上。

11.2 微信个人号的运营方略

微信公众号可以链接近乎无限的关注者，通过一篇文章就能瞬间把它推送到成千上万个读者面前，这是微信公众号的独特优势。如果要用微信一个一个去加，再逐一把内容发送给读者，这项工作的效率就太低了。

但微信公众号也存在一些劣势，那就是它的沟通便捷程度是远不如微信个人号的。如果我们不登录账号后台，不仅不能回应粉丝的需求，甚至根本看不到他们说了什么。为了弥补这个劣势，我们必须设法将这些人引流到个人微信上。公众号可以满足向他们推送内容的需求，个人号可以满足实时沟通的需求，将两者结合起来利用就两全其美了。

微信个人号也是有运营技巧的，包括微信朋友圈，所在的各个微信群，以及我们的好友列表。

11.2.1 微信个人号运营雷区：越努力越失败

关于微信个人号的营销秘诀，无外乎就是“越努力越失败”这六个字。在微信聊天时，越是主动推广的人，反而就越容易踩坑。轻则会碰一鼻子灰，重则会直接被人拉黑删除。只有那些在不干扰别人的前提下，默默分享自己价值的人，才有望为自己吸引一些真诚的关注者。

有些做微商的人每天都要发好多条朋友圈，也许从概率事件考虑，总会有人通过某条朋友圈实现了成交，但在信息时代，这种刷屏式的朋友圈早已成了大众眼中的“垃圾”信息，会带来很多干扰。别说将其转化了，不被拉黑就不错了。虽然发的朋友圈数量上去了，但没法认真打磨内容了，那质量必然是要下滑的。如果别人连看都不想看，又怎么可能将其转化成为我们的客户呢？

在微信群里引流的奇葩行为就更加数不胜数了，有些人每天二话不说就专门往群里发链接。有些人稍好一些，知道直接发链接有可能会被“踢”出群，所以改在微信群里发小作文了。本来别人聊天聊得好好的，这些人每天贴一大段文字进去，直接就把屏幕给霸占了，而且还把别人的聊天给打断了。这种行为很容易引起别人的反感。

在微信里，有些人除了在群里发广告，也会通过个人列表群发广告，并不是每一个人都对这种广告有需求。如果总是这样追着别人狂发广告，必然会引起别人的反感，最后可能会被删除好友。因此，凡事要适可而止。

11.2.2 微信个人号营销要诀：从知人心开始

既然在微信运营中越努力越失败，那么，正确的、高效的引流做法应该是什么样子的呢？其实也不难，如果我们的需求只是在微信端引流，那只需学会“知人心”就足够了。

所谓的“知人心”，指的就是以普通人的视角，在考虑到用户的需求后，多进行一些换位思考，站在别人的角度去思考问题，想想自己的哪些行为会让别人产生兴趣，哪些行为又会引起别人的厌恶。在实践的过程中，我们只需尽量向前者靠拢，以及尽量远离后者。

例如，盲目的群发行为都属于是“不知人心”，包括群发文章，群发小作文，无论是发到微信群里还是发到微信个人号上都没有站在别人的角度来考虑后果。在做这种事的过程中，不要把自己当成一个纯粹的群发机器。因为这样的群发过程是没有感情、也没有交流过程的。

正确的做法是什么呢？答案就是要把人当人看，只被动不主动，越躺平越成功。如果你想在朋友圈完成转化，那么就每天发个一两条朋友圈，说一些自己的亲身经历就够了。如果配图的话，最好配上本人出镜的照片，外加一些实实在在的成绩。这样不仅内容较为可信，朋友圈的互动率也会提高，别人对此也会产生

更多的兴趣。这就相当于是完成了一次正向的营销。

微信群引流其实也不难，我们要多在群里和大家做有效沟通，切切实实地去了解每一个人的需求和背景，而不是狂发广告。如果我们个人能提供的价值恰好能满足某些群友的需求，就在呼应群友求助的同时，简单地介绍一下自己的价值。例如，某个群的群友邀请我们做分享的话，我们可以在分享中给足价值，并且简单介绍一下自己的个人产品，然后借机留下自己的个人微信号，这便完成了一次引流的过程。

知人心，其实很简单，就是换位思考，多考虑别人的需求和感受。

11.3 社群维护

做社群时，要注意不要轻易做免费的微信群。因为免费群会很散乱，管理起来会比较麻烦，最终的转化效果也会很差。所以，即便设置一个低门槛也可以把绝大多数的“僵尸”用户屏蔽在外，从而提高转化率。

11.3.1 社群运营经验

笔者刚建立起交流群的那一天，社群里的聊天氛围就很热烈，哪怕不主动出来活跃气氛，群友也能每天自发地聊出上千条信息，以致发的通知很可能被大家热烈的聊天记录刷走，从而导致群友错过变现的机会。但笔者也不能因为这点事就不让群里成员说话，如果把社群的好氛围给破坏了，可能会有人退群，这样未免太得不偿失了。于是额外建了一个专门用来发通知的禁言交流群，这样就兼顾了交流和发通知的需求。

有些时候，笔者会根据征稿的平台方要求建立专门的群，并以此来为平台对接创作者。于是在建立起临时活动群之后，便开始发征稿活动，等活动结束了再把这个群清理掉。这种群的学名叫作“快闪”群，意为“办完事快点闪开”，可以有效地促进社群的活跃度，也不会浪费大家太多时间和空间资源。此外，在社群运营方面，第一年做社群的时候，笔者会在固定的时间段更新固定的内容，这些都是我们自认为优质的内容。但社群的伙伴是否真的想要这些内容，就很难说了。从第二季开始，笔者的内容输出理念发生了转变。这个时候，是大家需要什么，或者当下什么体裁的收益最好，我们才会给社群成员做出最新的课程。

11.3.2 三年社群运营干货复盘

所谓的社群运营，本质上还是和人打交道的学问。笔者对三年社群运营经历进行复盘，总结出一些经验，我们与社群群友（包括想入群的潜在群友）打交道的流程，可以简化为“入群前”和“入群后”这两个阶段，了解了这两个阶段目标人群的心理需求后，再分析起来就容易多了。根据粉丝的实际需求，我们可以创建免费群，也可以创建付费群。

所谓付费群，就是入群需要付费，这就限定了粉丝入群的门槛，但也筛选出了有效粉丝。对于付费群，无论是谁想要加入我们的社群，都必须在让他入群之前，先给我们的社群付出一些价值。通常来说，多数发起人都是给社群明码标价，也就是让群友以付钱的方式来付出价值，少数情况下则以转发内容、打卡足够天数、付出劳动等不同的方式来进行价值付出。我们所设定的门槛，不仅可以增加入群者对社群的重视（没人肯珍惜免费的东西），还可以把多数无效人群阻拦在社群之外（不会成交的、探听消息的等），可谓一举多得。

当这些人入群之后，我们除了要交付承诺的内容之外，还要在日常的沟通中摸透他们内心深处的底层需求，这种潜移默化的摸底方式，要比正儿八经的表格调研更加有效。因为填表调研的这种过程本身就给参与者限定了框架要求，让人有束缚感，这一步直接劝退了一些人。因为多数人很反感填表调研，而如果让他们用一两句零零碎碎的话来表达一下自己的需求，就会简单很多，人人都可以做得到。但如果要求他们以固定的框架来把自己的需求表达清楚，那恐怕就有点强人所难了。所以，用正式的表格做调研远不如在日常闲聊中发掘需求更高效。

当我们发现了社群成员的需求之后，就要以价值来回应他们的呼声了。毕竟他们在进社群的时候付出了价值，我们身为社群的运营者也要交付足量的价值。这里需要特别指出：所谓的价值，不一定非得是正儿八经的课程，还包括对接需求、组织讨论等工作，而这些工作本身的价值，未必就比那些干货满满的课程逊色。

社群的核心价值是连接优秀的人，并且在现有的流量之下，将这些人自身的价值无限放大。所以，在做自媒体时，运营社群是一件值得我们长期做下去的事。